/当代世界农业丛书/

沙特阿拉伯农业

马学忠　主编

中国农业出版社
北　京

当代世界农业丛书编委会

本 书 编 写 组

主 编：马学忠

副 主 编：冯晓燕

编写人员（按姓氏笔画排序）：

马学忠 王 怡 韦天集 闫 岩

张 帅

序

| *Preface* |

2018 年 6 月，习近平总书记在中央外事工作会议上提出"当前中国处于近代以来最好的发展时期，世界处于百年未有之大变局"的重大战略论断，对包括农业在内的各领域以创新的精神、开放的视野，认识新阶段、坚持新理念、谋划新格局具有重要指导意义。农业是衣食之源、民生之基。中国农业现代化取得举世瞩目的巨大成就，不仅为中国经济社会发展奠定了坚实基础，而且为当代世界农业发展提供了新经验、注入了新动力。与此同时，中国农业现代化的巨大进步，与中国不断学习借鉴世界农业现代化的先进技术和成功经验，与不断融入世界农业现代化的进程是分不开的。今天，在世界处于百年未有之大变局、世界经济全球化进程深入发展、中国农业现代化进入新阶段的重要历史时刻，更加深入、系统、全面地研究和了解世界农业变化及发展规律，同时从当代世界农业发展的角度，诠释中国农业现代化的成就及其经验，是当前我国农业工作重要而紧迫的任务。为贯彻国务院领导同志的要求，2019 年 7 月农业农村部决定组织编著出版"当代世界农业丛书"，专门成立了由部领导牵头的丛书编辑委员会，从全国遴选了相关部门（单位）负责人、对世界农业研究有造诣的权威专家学者和中国驻外使馆工作人员，参与丛书的编著工作。丛书共设 25 卷，包含 1 本总论卷（《当代世界农业》）和 24 本国别卷，国别卷涵盖了除中国外的所有 G20 成员，还有五大洲的其他一些农业重要国家和地区，尤其是发展中国家和地区。

在编写过程中，大家感到，丛书的编写，是一次对国内关于世界农业研究力量的总动员，业界很受鼓舞。编委会以及所有参与者表示一定要尽心尽责，把它编纂成高质量权威读物，使之对于促进中国与世界农业国际交流与合作，推动世界农业科研教学等有重要参考价值。但同时，大家也切实感到，至今我国对世界农业的研究基础薄弱，对发达国家（地区）与发展中国家（地区）的农业研究很不平衡，有关研究国外农业的理论成果少，基础资料少，获取国外资料存在诸多不便。编委会、各卷作者、编审人员本着认真负责、深入研究、质量第一的原则，克服新冠肺炎疫情带来的诸多困难。编委会多次组织召开专家研讨会，拟订丛书编写大纲、制订详细写作指南。各卷作者、编审人员千方百计收集资料，不厌其烦研讨，字斟句酌修改，一丝不苟地推进丛书编著工作。在初稿完成后，丛书编委会还先后组织农业农村部有关领导和专家对书稿进行反复审核，对有些书稿的部分章节做了大幅修改；之后又特别请中国国际问题研究院院长徐步、中国农业大学世界农业问题研究专家樊胜根对丛书进行审改。中国农业出版社高度重视，从领导到职工认真负责、精益求精。历经两年三个月时间，在国务院领导和农业农村部领导的关心、指导下，在所有参与者的无私奉献、辛勤努力下，丛书终于付梓与读者见面。在此，一并表示衷心感谢和敬意！

即便如此，呈现在广大读者面前的成书，也肯定存在许多不足之处，恳请广大读者和行业专家提出宝贵意见，以便修订再版时完善。

庹欣荣

2021 年 10 月

前　言

|Foreword|

　　农业作为国民经济的基础产业，在全球化发展中发挥着重要作用。《沙特阿拉伯农业》作为"当代世界农业丛书"的重要组成部分，坚持以习近平新时代中国特色社会主义思想为指导，贯彻落实习近平总书记关于做好"三农"工作的重要论述，旨在更好地服务于国家粮食安全保障、农业强国建设、"一带一路"建设和农业走出去，扩大农业对外交流与合作，为政府部门、农业企业和科研人员了解国外农业情况、借鉴国外农业发展经验提供智力支持。

　　沙特阿拉伯始建于 1750 年，在之后的 150 多年中，曾先后两次失去政权并亡国。1932 年 9 月 22 日，现代沙特阿拉伯才正式宣布完成国家统一。1938 年在沙特阿拉伯东部沙漠地区发现的石油彻底改变了国家的命运，使其迅速成为地区强国。

　　当前，沙特阿拉伯是 G20 中唯一的阿拉伯成员，已经同 130 多个国家建立了外交关系。

　　自 20 世纪 90 年代初沙特阿拉伯与中国建立外交关系以来，两国政治、经贸关系得到长足发展。2016 年，两国建立全面战略伙伴关系，并决定成立中沙高级别联合委员会。2021 年，中沙双边贸易额达到 870 亿美元，沙特阿拉伯成为中国第一大原油进口来源国，也是中国在西亚地区最大的贸易伙伴；而中国则是沙特阿拉伯第一大货物贸易进口来源国和第一大贸易伙伴。中国从沙特阿拉伯进口的主要商品为原油、石化产品等，出口的主要商品为机电产品、钢材、服装等，农业合作和农业贸易尚处于起步阶段，相关的研究论文和专著可谓凤毛麟角。

　　本书作为国内首部沙特阿拉伯农业专著，基本体现了沙特阿拉伯农业资源禀赋，对其农业发展路径、发展瓶颈、特色以及优势等进行了探讨和总结；对其农业自然资源、农业发展地位、农业市场环境和农业政策制度等进行了系统评述；对其农业发展进程中建立起来的独到的粮食安全保障体系和供应链体系进行了全面反映；同时仰望世界农业发展前沿，立足全球视野，系统梳理了其农业发展历程，归纳和总结其发展经验，更新了各类数据和资料；对其农业的新发展、新成就、新方向进行了论述和展望；挖掘了中沙农业合作、投资的各种潜在机遇，提出了相关的建设性意见和建议。期许对中国农业发展，尤其是农业对外合作发展有所启示和借鉴。

本书的编写，以主编长期对海湾六国，特别是对沙特阿拉伯进行的国别研究为基础，结合近十年来主编在该地区开展农业项目合作过程中的访问、考察，尽量做到文字表述准确、资料翔实、内容丰富。但由于新冠肺炎疫情影响，两年多来无法实地考察和拍摄图片、录制音频或视频资料，只能在传统文字编辑上下功夫，五易其稿，坚持科学严谨、实事求是，持之有故、言之有据，保证准确性和权威性。

本书共计十二章，由马学忠、闫岩、韦天集、张帅、王怡等共同编写，由冯晓燕统稿完成。

由于不可抗因素制约和编者才疏学浅，本书在编写过程中难免出现偏差和错误，恳请各位读者、专家和学者不吝赐教，以便我们及时修订和更正。

在此，我们要特别感谢阿联酋扎耶德大学孔子学院中方院长杜伟英老师、农业农村部国际合作司亚非处各位老师以及中国农业出版社各位老师，在本书资料收集和编写过程中，他们都给予了无私的帮助和精心指导。

编　者

2022 年 5 月

目　录

| Contents |

第一章 CHAPTER 1
沙特阿拉伯农业概况 ▶▶▶

沙特阿拉伯王国简称沙特阿拉伯，位于西亚中南部，面积225万平方千米，占阿拉伯半岛面积的近七成，是阿拉伯国家中面积第二大的国家，仅次于阿尔及利亚。沙特阿拉伯东濒波斯湾，西临红海，平均海拔665米，是世界上唯一同时拥有红海和波斯湾海岸线的国家，海岸线长达2 448千米。建在东部行政区达曼市的法赫德国王跨海大桥贯通巴林，东北部与科威特和伊拉克接壤，东部与卡塔尔为邻，东南部与阿拉伯联合酋长国和阿曼接壤，南部与也门交界，西部与埃及、苏丹、厄立特里亚隔红海相望，西北部与约旦接壤。

沙特阿拉伯全国设13个一级行政区，分别为：利雅得、麦加、麦地那、东部、盖西姆、哈伊勒、阿西尔、巴哈、泰布克、北部边境、吉赞、奈季兰、焦夫。一级行政区下设一级县和二级县，县下设一级乡和二级乡。首都利雅得是沙特阿拉伯第一大城市和政治、文化中心及中央政府机关所在地，位于沙特阿拉伯中部，城区面积1 219平方千米。

由于沙特阿拉伯国土总面积的近一半都是沙漠，除了少许绿洲可利用地下水灌溉外，大部分土地贫瘠、不宜耕作和居住，但广袤的沙漠和贫瘠的土地下，却蕴藏着丰富的石油、天然气资源，是世界上石油储量、产量和销售量最大的国家之一，因此沙特阿拉伯以"石油王国"著称。石油收入是国家最主要的经济来源，巨额石油收入使沙特阿拉伯从以传统的落后的农牧业为主的经济结构迅速向以石油工业为基础的经济结构转变，到20世纪70年代，人均国民收入已在世界各国中名列前茅。沙特阿拉伯政府利用石油收入，制定了全面的经济发展计划，特别是农业计划。自2005年12月正式加入世界贸易组织（WTO）以来，沙特阿拉伯就努力减轻对石油产业的高度依赖，推进多元化发展战略，建立现代化、多样化的国民经济体系。沙特阿拉伯政府充分利用本国丰富的石油、天然气资源，积极引进国外的先进技术设备，大力发展钢铁、铝、水泥、电力工业及海水淡化、筑坝节流农业水利资源建设和服务业等非石油产业，从而使依赖石油的单一经济结构有所改观，并于2016年提出"沙特阿拉伯2030愿景"（Saudi Vision 2030）和"2020年国家转型计划"。

2018年，沙特阿拉伯名义GDP 7 825亿美元，实际GDP 7 001亿美元；国内生产总值增长率2.21%；进出口总额4 297.48亿美元，其中进口额1 352.11亿美元，出口额2 945.37亿美元；人均国内生产总值23 418美元；通货膨胀率2.5%。

第一节　农业资源

一、地理与气候状况

沙特阿拉伯国土相对辽阔，国内没有常年有水河流，地势西高东低，呈阶梯状倾斜延伸。西部沿红海东岸由南向北绵延有60千米宽、1 100千米长。山谷多为东西走向，如吉赞山谷、奈季兰山谷、塔斯里斯峡谷、衣舍山谷、哈姆祖山谷、拉马山谷、延布山谷和法蒂玛山谷。西南高原和北方地区气候属亚热带地中海型，冬春两季相对多雨，气候温和，夏季炎热潮湿；中部和东部地区均属热带沙漠气候，冬春两季气候温和、有少量降雨，夏季炎热干燥，最高气温可达50℃以上。年平均降水量不超过200毫米。地形以平原和高原为主，如中部的内志平原、北部的哈伊勒高原。沙漠广布，东南部的鲁卜哈利沙漠是世界上最大的流动沙漠，面积为65万平方千米，年平均降水量不足30毫米，也是世界上最干旱和人口密度最低的地区之一。

二、水资源

根据2019年沙特阿拉伯国家统计局数据，全国年用水总需求量为23.35亿立方米，其中82.2%用于农业，13.5%用于城市，4.3%用于工业。按人均日用水量250升计算，日均消耗水500万立方米，相当于每年13亿立方米。

沙特阿拉伯由于缺水干旱，没有天然形成的江河湖泊，年降水量不足200毫米，且由于气候炎热，最高气温高达50℃以上，大部分降水都被蒸发。"常规"的水资源只有有限的地下水和少量的地表水，仅通过传统方法提取地下水和收集雨水，难以保障基本用水需求；其"非常规"的水资源则包括经过处理的中水和经过淡化的海水及通过修建水坝聚集的雨水。面对严峻的水资源匮乏问题，沙特阿拉伯政府通过充分开发和利用各种水资源，来满足日益增长的生活、工业和农业用水需求。

（一）海水淡化

随着城市扩容、人口的增加和经济、工业的发展，沙特阿拉伯的用水需求大大超过了自然水资源的供给能力，海水淡化成为确保居民生活水资源供给的战略选择之一。

沙特阿拉伯是世界上最大的淡化水生产国，也是世界上海水淡化业最发达的国家之一，拥有世界第一海水淡化工业国的桂冠，海水淡化量占世界总量的20％左右，淡化后的水主要作为生活用水补充饮用等。朱拜勒海水淡化厂的规模多年稳居世界第一位。

早在1928年，沙特阿拉伯便开始利用国外科技手段进行海水淡化的尝试，在西部地区建立了两个海水蒸馏、凝结系统。1969年，在红海沿岸修建了初具规模的海水淡化厂，日产量仅为22.7万立方米。1970年在吉达修建的海水淡化厂，不但可日产淡水1 890万立方米，同时还可发电50兆瓦时。

1972年，农业与水利部设立了海水淡化事务局，1974年，独立运营的沙特阿拉伯国有海水淡化公司（SWCC）成立，初期引进国外技术和管理办法，逐步吸收消化，在朱拜勒建立了庞大的研发中心和人员培训机构，为其海水淡化业务储备人才和技术，到1982年，该公司已完全实现独立运营。

沙特阿拉伯海水淡化公司通过多级闪蒸、反渗透等技术淡化海水，逐步形成全国性的海水淡化工程，建成了全国性的海水管道网，将淡化水源源不断地输往首都利雅得和其他内陆城市，实现了为城市工业生产和居民生活提供淡水保障的目标。

（二）再生水利用

再生水的开发利用是沙特阿拉伯用来弥补水资源短缺的有效途径之一。再生水资源主要来自城市排放废水，沙特阿拉伯针对废水制定了高于世界卫生组织标准要求的更严格的排放和再利用标准。遍布全国的污水处理厂回收符合排放标准的废水，采用活性污泥、滴滤池、旋转生物接触器或单一的砂过滤器等先进多样的处理方法，使处理过的水质达到政府制定的污水再利用标准，形成"中水"，广泛用于市区绿化和园林灌溉，也在尝试农业灌溉等其他用途。例如首都利雅得60%的中水用于城市绿化，其余部分除用于部分农业灌溉试验和其他行业运转外，被排入巴塔干河，用于补给地下水源。

（三）筑坝蓄水

水无疑是现代农业发展的关键因素之一，由于常年降水稀少、地表水资源缺乏、夏季气候炎热、植被不易成活的特殊条件，沙特阿拉伯全国只有不到1/3的土地能够得到灌溉。为了改善这种状况，沙特阿拉伯采取因地制宜、量力而行、先易后难的政策，积极引进现代化高科技筑坝节流技术，对具有汇聚水流潜力的山沟、洼地，尽量通过筑坝节流或建池蓄水技术，最大限度截留自然降水或地表洪流，再根据蓄水池所蓄水量，采用节水灌溉方法种植相应面积的农作物，在行与行之间留有自然发展空间，力争投入最少的工作量收获最大的经济效益。沙特阿拉伯第一个五年计划中建成的哈萨排灌工程，使灌溉面积增加了1.2万公顷，第二个五年计划完成时，全国共建成水坝33个，灌溉面积增加了40%。通过节流蓄水，沙特阿拉伯在荒无人烟的沙漠腹地中的绿色生态农业建设方面成绩斐然。

多年来，沙特阿拉伯海水淡化、再生水利用以及环境、水和农业部大力建设的筑坝蓄水工程，不但在提供生活用水保障方面发挥了关键的作用，同时还对保持地下水位稳定和农业灌溉、工业用水供给发挥了重要作用。截至2019年，沙特阿拉伯已建成525座水坝，储水总量超过525亿立方米，分布在全国境内。

比沙山谷的法赫德国王大坝就面积和储存能力而言，是中东地区最大的峡谷水坝，1986年开建，1997年建成投入运营。大坝高103米（峡谷平均高度68米）、长507米，坝底厚度80米，坝顶厚度8米，坝顶建有双向混凝土结构大桥，长225米。大坝可收集比沙山谷上下游7 600平方千米的雨水，储水量可达3.25亿立方米，储水形成了长达18千米的湖面。大坝顶部18吨液压起重装置，控制着4个泄洪口，其中底部两个口径为2.5米×2.5米，坝高20米处两个泄洪口口径为2米×2米，每秒排洪量为5 338立方米。就体积和储水能力而言，该大坝也是沙特阿拉伯最大的水坝之一，大坝所在地比沙山谷是阿拉伯半岛上最大的山谷之一，长度 250 千米，上游和支流区域降水量较高。

在过去，沙特阿拉伯西部几乎 90% 的降雨流入了红海，造成大量雨水和矿物质的流失。而后，沙特阿拉伯通过建造阶梯水坝、淤泥陷阱、运河等方式从西部沿海的每个流域收集大量的淡水和矿物质从而补充天然的地下蓄水层，使更多的水和矿物质被吸收到沿途的水土中，增加了水资源储量，弥补了被抽取的地下水蕴藏，不但缓解了当地水资源短缺的困境，使 1.3 亿棵本土树木得到有效灌溉，而且解决了过去经常发生洪水灾害的问题，为当地社会繁荣和农业发展奠定了坚实基础。

三、电力资源

1908 年，沙特阿拉伯在圣城麦地那引进两台发电机开始供电，其中一台是燃煤发电机，另一台是煤油发电机。100 多年来，因政府出台的贷款、补贴、减免税收等鼓励、支持和保障政策，电力部门得到长足发展，发电和供电能力均大幅提高，除了满足工农商业用电外，国营和私营电力公司的供电服务基本上覆盖了所有城镇、农村的用户。到 2013 年底，沙特阿拉伯的发电能力已达到 58.462 兆瓦时，用户 710 万，电网输送长度 54 318 千米，配电网长 465 501 千米，发电量在全球排名第 19 位。根据沙特阿拉伯电力局 2019 年年度报告显示，沙特阿拉伯新增实施多个项目，使 2018 年发电能力达到全球第 8 位，全年发电总量达到 299 兆瓦时，城市和农村用户 1 264 万，其中 60% 的电力来自火电厂；2018 年的核发电量为 62 兆瓦时，实际核电发电能力为 69 兆瓦时。

四、劳动力资源

20 世纪上半叶，沙特阿拉伯本国大多数人仍处于游牧或半游牧状态。20 世纪下半叶以来，随着沙特阿拉伯石油经济的迅速发展以及城市化进程的加快，95% 以上的沙特阿拉伯人已经定居城镇，但人口分布不够均衡，东西部沿海与内陆城市、村镇人口密度每平方千米约 1 000 人，而沙漠和贫瘠地区则几乎无人居住。

世界银行的数据显示，沙特阿拉伯是个十分年轻的国家。2019 年人口总数为 3 426.85 万，相比 2018 年增长了 56.86 万，与 2010 年数据对比，十年间人口增长了 684.71 万。其中沙特阿拉伯籍人口约 2 077 万，占全部人口的六成。外籍人口多为受雇在当地侨居和务工人员，其中包括近 10 万来自欧美发达国家的白领务工人员。沙特阿拉伯籍人口中 90% 为阿拉伯裔，其余为来自邻近国家（如印度、巴基斯坦等）的非裔或亚太裔。另有华人华侨约 8 万人，其中约 3 万人是 100 多家中国企业在沙特阿拉伯的务工人员，5 万人则主要是居住在西部城市塔伊夫、吉达、麦加等地的华侨，多数为维吾尔族，其次为回族，还有少量的乌孜别克族、柯尔克孜族、哈萨克族等。在沙特阿拉伯的华人华侨以从事小商业、经营餐馆与旅店等服务业为主，仅有少数人在沙特阿拉伯政府部门、工商会、学校、企业等任职。

从人口年龄构成来看，2019 年沙特阿拉伯 0～14 岁人口占比 24.87%，15～64 岁人口占比 71.72%，65 岁及以上人口占比 3.41%；2019 年 65 岁及以上人口数量为 116.95 万，相比 2010 年增长了 35.53 万。

从性别结构来看，2019 年沙特阿拉伯男性人口数量为 1 978.35 万，占总人口的 57.73%；女性人口数量为 1 448.50 万，占总人口的 42.27%。

从城乡结构来看，2019 年沙特阿拉伯城镇人口数量为 2 880.78 万，农村人口数量为 546.07 万；2019 年城镇化率为 84.07%。

可以看出，沙特阿拉伯劳动力资源总量是不足的，需要大量的外来务工人员帮助做一些生产活动。沙特阿拉伯自 20 世纪 50 年代开始实行担保人制度，即外国公民到沙特阿拉伯工作或开设公司必须找到有一定经济实力和商业资质的沙特阿拉伯公民为其作担保，担保人从该外籍人员的劳动报酬或公司盈利中获取提成。在没有担保人许可的情况下，外籍人员私自调换工作、打黑工、更换担保人、擅自离境都将被视为违法而受到处罚。这在一定程度上限制了外籍劳工的引进。

2021 年 3 月 14 日，沙特阿拉伯人力资源和社会发展部宣布正式废除执行了七十多年的担保人制度（Kafala Sponsorship System），这引起沙特阿拉伯国内及中东媒体的广泛关注和积极评价，认为这项劳工改革倡议（Labor Reform Initiative，LRI）使沙特阿拉伯劳工市场迎来新时代。

废除担保人制度并修订劳工条例，改善外籍工人与雇主之间的合同关系和工作条件，提高他们的满意度，有助于提高沙特阿拉伯劳动力市场的吸引力和竞争力，尤其有助于吸引拥有高级技能的外籍工人。

废除担保人制度、改善劳工市场是"沙特阿拉伯2030愿景"宏大改革的一部分，在经济改革过程中，沙特阿拉伯重视市场环境的规范和建设，以劳工改革倡议（LRI）为代表的国家转型计划（National Transform Program，NTP）将会一定程度上改善沙特阿拉伯人力资源短缺的问题。

五、农业瓶颈

由于沙特阿拉伯境内没有天然形成的江河湖泊和大面积自然湿地，绿洲地表下残存水和海水淡化工厂生产的淡水，主要用来保障日常生活用水，淡水资源匮乏成为困扰沙特阿拉伯农业发展的瓶颈。

据沙特阿拉伯国家统计局统计，全国地下淡水资源总量约为5 000多亿立方米，农业的不断发展，对水资源产生了更大的需求，每年有20亿立方米左右的淡水被用于农业灌溉。但稀少的雨水，难以弥补地下水资源的大量消耗，至2008年，全国约90％的地表下水资源已被消耗殆尽。

第二节　农业现状

虽然沙特阿拉伯国土面积近半为沙漠，但也有部分地区的气候和土地适宜耕作。几十年来，沙特阿拉伯通过盐碱地改良、推广引进大型机械灌溉、发展设施农业等系列措施，新开垦出大片适宜耕作的土地，农业生产得到显著改善，农业产区主要分布在中部绿洲和降水较充沛的西南部靠近也门的山区以及西北部靠近约旦边界的地区。

沙特阿拉伯主要农产品有小麦、玉米、马铃薯、番茄、辣椒、茄子、黄瓜、木瓜、西瓜、椰枣、柑橘、葡萄、石榴和鲜花等，以及畜牧产品、家禽产品和水产品，随着政策扶持的加强和设施农业的快速发展，部分农产品如鸡蛋、奶制品、椰枣、小麦等产量年增长速度高达110％～120％。小麦、椰枣、奶制品、鸡蛋、家禽、水产品和部分水果、蔬菜、鲜花不但实现了自给自足，还向东欧、叙利亚等国出口。

但相对于农业大国而言，沙特阿拉伯的粮食自给率偏低，小麦产量只达到国内总需求的约20％，严重依赖海外进口。

根据世界银行的数据，2019年，沙特阿拉伯农业生产总值（包括畜牧、家禽和渔业）约为 1 150 亿美元，占非石油产出的 4%，占国内生产总值的 2.3%，占阿拉伯国家农业总产值的 14%，在阿拉伯国家农业总产值中位居第三。

第三节 农业发展历程

沙特阿拉伯在推进农业现代化进程中，通过不断学习、总结经验，逐渐摸索出了一条适合自己的农业现代化道路。总体来看，沙特阿拉伯农业发展经历了以下几个阶段。

一、传统农业生产阶段

20 世纪 70 年代以前，沙特阿拉伯仍然是一个半游牧、半农耕国家，其中游牧人口约占全国人口的 50%，除饲养单峰骆驼、绵羊、山羊和马等家畜，将椰枣当作主粮种植生产外，其他粮食几乎全部依赖进口，农业基本处于传统生产阶段。

二、农业大跃进发展阶段

20 世纪 70 年代开始，沙特阿拉伯将农业作为基础产业之一，充分发挥自身的有利条件，将巨额石油收入投入农业生产，改造和克服不利条件，兴修水利工程，大建海水淡化工厂，引进高效节水技术，推广先进灌溉技术，改漫灌为喷灌或滴灌等，此外，还采取了一系列农业发展措施，连续制定了 10 个五年农业发展计划。第一个五年计划（1970—1975 年）的农业投资额为 11.3 亿美元，比 60 年代的预算增加了 30 倍；第二个五年计划（1975—1980 年）增加到 30 亿美元，推动农业进入大跃进式的发展阶段。

1970 年，沙特阿拉伯根据国家《土地占有法》，通过增加发放许可证数量和财政支持预算，提高农业的增长率和种植面积，沙特阿拉伯利用石油美元大量投资农业与水利部门，把对进口粮食的价格补贴改为对进口农业生产资料的补贴和对国内农业生产的补贴。例如：对进口的肥料、农业机械等均补贴进口到岸价格的 50%，对农药补贴进口到岸价格的 100%。政府给予国内农业生产的补贴，小麦每吨86美元，玉米和高粱每吨73美元，大麦和谷子每吨44美元，种1棵椰枣树可获14美元补贴，销售1千克牛奶可获得0.7美元补贴。农业与水利部下属科技局还免费提供农业病虫害防治、作物栽培和家禽饲养等咨询服务等。

实施鼓励土地开荒政策，只要开垦面积超过分配土地整块面积的1/4，达到了发展畜牧业的基本条件，便可以获得整块土地的永久所有权。为了推进土地的开发和利用，政府还规划专用土地，鼓励开办各种农场或农业公司。此外，政府大力提倡植树造林，以防止沙漠对农田的吞蚀。农业与水利部通过沙特阿拉伯农业发展基金向农民提供三种优惠贷款：第一种是用于购买种子和肥料等生产资料的短期季节性贷款；第二种是用于购买农业机械和牲畜等生产工具的中期贷款；第三种是用于开垦土地、建设生产加工场所的长期贷款。政策还规定，工程造价达到150万美元的农业项目，可得到工程费用80％的无息贷款；工程造价达到590万美元的工程项目，可得到工程费用60％的无息贷款。

除此之外，为了鼓励农户和私营企业扩大耕地面积，国家责成国营粮食机构和粮食加工厂以优惠价格及时收购本国自产小麦和大麦等主要粮食作物，还鼓励开垦新耕地。

由此，大批公民无偿得到了大面积土地，发展农业的积极性空前高涨，从购买种子、肥料，到购买机械化设备和牲畜，再到土地开垦，均可享受各种优惠贷款，甚至无息贷款；对于农业产出，政府则以高出市场价十几倍甚至几十倍的价格收购，而且对农业用地还进行额外补贴。沙特阿拉伯在政策上大力支持农业，通过发放低息贷款与农业生产补贴、溢价收购等措施，鼓励人们务农，前往沙漠深处开荒种地，以生产主粮（如小麦、玉米、马铃薯等）为主，带动其他农作物生产，使农业生产多样化，农、林、牧、渔业全面协同发展，从而实现农业经济的多元化发展，摆脱国民收入单一的石油经济模式。这些针对本国国情制定的农业扶持政策，为农业向更好的方向发展起到积极的推动作用。

1981年，沙特阿拉伯分配给农户和私营企业的土地已达150万公顷，麦农每种植1公顷小麦，可以获得政府400美元补贴。农业成为全国最赚钱的行业之一，只要是适合耕种的土地，几乎都让给了农业。甚至有一些投机者，从外国低价购入粮食，然后再高价卖给沙特阿拉伯官方。

在一系列政策鼓励下，沙特阿拉伯在沙漠中创造了奇迹，农业取得了巨大的进步，以小麦为例，20世纪70年代前，该国几乎不生产小麦，到80年代末90年代初，圆形小麦农田遍布沙漠地区，小麦不但大获丰收，甚至产能过剩，只得低价出售，或者援助给其他发展中国家。1990年，沙特阿拉伯的小麦产量达到410万吨，成为世界十大小麦净出口国之一，另外，高粱、玉米、大麦、苜蓿、蔬菜和椰枣等产量都有大幅度增加。

第二章 CHAPTER 2
沙特阿拉伯特色农业 ▶▶▶

　　采用现代化指针式旋转喷灌设施进行种植的农场是沙特阿拉伯沙漠地区的农业特色之一，主要种植的农作物有大麦、小麦、玉米和高粱等。

　　20世纪90年代，沙特阿拉伯采用现代化指针式旋转喷灌设施技术后，粮食种植面积和产量均步入高速增长阶段。2019年，沙特阿拉伯粮食可耕种总面积为268.3万杜诺亩*，实际种植259.8万杜诺亩，粮食总产量达到144万吨，本国产销比例达到86%。大麦是沙特阿拉伯种植面积最大的粮食作物，种植面积93.8万杜诺亩，占粮食种植总面积的35%；产量也最多，年总产量达62.8万吨。首都利雅得是大麦主产区，种植面积最大，为25.4万杜诺亩，占全国大麦总种植面积的27.1%；其次为盖西姆，种植面积22.2万杜诺亩，占全国大麦总种植面积的23.6%；第三是哈伊勒，种植面积19.9万杜诺亩，占全国大麦总种植面积的21.2%。

　　小麦是采用现代化指针式旋转喷灌设施进行种植的第二大农作物，种植总面积达89.7万杜诺亩，占粮食种植总面积的33.4%，年总产量为53.4万吨，本国销售总量达到50.9万吨，产销比例达到95.3%。焦夫是小麦主产区，种植面积最大，为22.9万杜诺亩，占全国小麦种植总面积的25.6%；其次为盖西姆，种植面积为21.2万杜诺亩，占全国小麦种植总面积的23.6%；第三是首都利雅得，种植面积为16.9万杜诺亩，占全国小麦种植总面积的18.8%。其他地区也有部分种植。

---

　　* 在沙特阿拉伯，1杜诺亩≈1 005.9平方米。

使用该技术种植的还有白玉米，种植面积占粮食种植总面积的 4.4%，黄玉米占 3%，高粱占 1.5%。

第二节　自然环境下种植的季节性农产品

一、高原和山区露天种植的夏季农产品

在高原和山区种植季节性农产品是沙特阿拉伯的另一农业特色。2019 年，高原和山区的夏季露天农产品种植面积约 36.2 万杜诺亩，其中西瓜产量最大，为 49.6 万吨，本国产销比例达到 96%。麦加地区是西瓜主产区，占夏季西瓜总种植面积的 70%，首都利雅得地区西瓜种植面积次之，占夏季西瓜总种植面积的 15%。其次为番茄，夏季产量为 7.7 万吨，本国产销比例达到 94%。首都利雅得地区是夏季番茄第一主产区，种植面积和产量均达到全国番茄种植总面积和总产量的 65%。夏季番茄第二主产区是麦加地区，种植面积和产量均达到全国番茄种植总面积和总产量的 9%。

二、沙漠绿洲露天种植的冬季农产品

沙特阿拉伯冬季露天农产品种植面积为 70 万亩，冬季马铃薯产量为全国冬季农产品产量之首，约 37.3 万吨，本国产销比达 95%。其次为冬季西瓜，产量约 19.1 万吨，本国产销比达 93%。首都利雅得地区是冬季马铃薯主产区，其冬季马铃薯产量和种植面积占冬季马铃薯总产量和总种植面积的比例均为 45%；其次为哈伊勒省，其冬季马铃薯产量和种植面积占冬季马铃薯总产量和总种植面积的比例均为 33%。麦加地区是冬季西瓜的主产区，其冬季西瓜产量和种植面积占冬季西瓜总产量和总种植面积的比例均为 96%；麦地那地区次之，其冬季西瓜产量和种植面积占冬季西瓜总产量和总种植面积的比例均为 2%。

第三节　现代化设施农业

沙特阿拉伯是最早引进现代化设施农业技术的国家之一。番茄和黄瓜是现

代化设施农业最主要种植的蔬菜品种，其面积占全部设施蔬菜种植面积的58%。随着技术发展和推广，各种叶菜以及草莓、花卉等也被引入设施农业，而且规模还在逐年扩大。

一、现代化设施农业蔬菜种植

2019 年沙特阿拉伯国家统计局数据显示，全国的现代化设施农业生产中，各种蔬菜种植面积达到了 3 295 万平方米，大棚设施数量达到 7.4 万个。就大棚设施蔬菜种植面积和产量而言，番茄名列第一，种植面积为 1 261 万平方米，年产量为 11.6 万吨，年销售量为 10.7 万吨，产销比例约为 93%。首都利雅得是设施番茄主产区，种植面积约 500 万平方米，约占全国设施番茄种植总面积的 40%；其次为盖西姆，约占全国设施番茄种植总面积的 15%。黄瓜位居第二，种植面积约 872.7 万平方米，年产量约 6.8 万吨，年销量 6.5 万吨，产销比例约为 96%。首都利雅得是设施黄瓜种植主产区，种植面积 300 万平方米，占全国设施黄瓜总种植面积的 37%；其次为奈季兰，占全国设施黄瓜总种植面积的 16%。

二、现代化设施农业鲜花种植

沙特阿拉伯大棚设施鲜花种植面积为 341 万平方米，大棚设施数量 4 919个，总产量 1.4 万吨。大棚设施种植鲜花品种中塔伊夫玫瑰面积与产量位居第一，种植面积 77 万平方米，产量为 1 408 吨，占大棚设施鲜花种植总产量的10.4%；其次为茉莉花，总种植面积 57 万平方米，产量 1 999 吨，占大棚设施鲜花种植总产量的 14.8%。

沙特阿拉伯自 20 世纪 80 年代开始引进设施园艺技术种植玫瑰等鲜花并获得成功，其产品不但打入了阿联酋、科威特、巴林、阿曼、卡塔尔等阿拉伯国家市场，也打入了荷兰、意大利、捷克和法国等欧洲国家市场。80 年代初，年产量即达 400 万株，包括 22 种玫瑰和 41 种其他花卉，如康乃馨、百合花、香草花、野薄荷等，其中 76% 销往本国花卉市场，产值达 2 亿沙特里亚尔。沙特阿拉伯最重要的花卉是玫瑰，种植在特制的温室里，以确保夜间温度不低于 16℃、白天不高于 27℃，种植密度达到每平方米 7 株，可全年销售，每 4 年更换一次苗圃。另有部分半年期花卉品种，适合在夜间 21℃、白天 24℃ 的温室中种植，种植密度从每平方米 23 株至 40 株幼苗不等。

沙特阿拉伯受自然环境的影响，栽培花卉只能在温室内进行，一年四季都可以栽培开花，投资见效快、收入高，种植户的积极性高涨，积极增加花卉种植面积、引进花卉新品种，使花卉的产量翻倍增加。

不同于大多数国家种植花卉多使用塑料温室的情况，沙特阿拉伯多使用玻璃温室，产量远远高于塑料温室，通常说来塑料温室每平方米的产量仅能达到玻璃温室产量的 1/3。再加上沙特阿拉伯极端的干旱炎热气候和水资源稀缺且水中含盐量越来越高的实际情况，采用玻璃温室是更好的选择，能够全年实现对温度、湿度等的合理控制，创造出适合植物生长的环境条件。为了达到这样的效果，环境控制计算机是必备的，其可在各种类型的温室内工作。同时，环境控制计算机操作简单，且能够应对严酷的环境条件。Al Mallouhi 等园艺公司采用的是豪根道 iSii 计算机，这种计算机具备极精确的风机湿帘控制程序且能够远程接收和维护数据，可以控制温度、灌溉和能源消耗，进而提升作物的质量和产量。

第四节　椰枣产业

一、椰枣树种植

沙特阿拉伯是世界上椰枣树种植和椰枣生产的主要国家之一，椰枣树被视为国家象征，亦被视为阿拉伯民族的生命之树，不仅是阿拉伯人饮食的重要组成部分，而且已成为沙特阿拉伯食品安全的重要保障和沙特阿拉伯社会生活和文化的重要组成内容，与社会习俗、传统价值观息息相关，在社会实践中，已与沙特阿拉伯人文环境融为一体。沙特阿拉伯出产的椰枣属精品，因肉厚、汁多、核小、含糖量适中等特点极受阿拉伯人欢迎，椰枣产业是当地重要的经济支柱产业之一，曾被列为继石油和朝觐收入之后的第三大收入来源，沙特阿拉伯无论是椰枣树种植数量还是椰枣产量，都多年稳居世界第一位（其次为阿联酋和伊拉克）。

2019 年沙特阿拉伯国家统计局资料显示，全国椰枣总产量达到 154 万吨，椰枣树种植总量达到 3 124 万棵。其中首都利雅得排名第一，种植总数 792 万棵，占比 25%；其次为盖西姆，种植总数 755 万棵，占比 24%；麦地那位居第三，种植总数 475 万棵，占比 15%。

过去按照传统做法，仅将椰枣分为鲜枣、半干枣和干枣三大类推向市场，供人们消费，伴随着社会的进步，人们需求日益提高，沙特阿拉伯椰枣产业也开始向深加工、精加工等高附加值方向发展，西部山城塔伊夫的椰枣食品企业已经开始将椰枣与杏仁、开心果等干果结合，加工后包装成精美的礼盒，也会把椰枣制作成椰枣饼干、椰枣泥、椰枣醋、椰枣果糖、椰枣汁、椰枣巧克力等。另外，中国热带农业科学院椰子研究所研发的椰枣美容产品和保健品等新产品，在沙特阿拉伯也受到高度重视和欢迎。

位于盖西姆的萨利赫·本·阿卜杜勒·阿齐兹·拉吉希椰枣园是吉尼斯世界纪录记载的全球单个面积、种植数量、品种数量、产量最大的椰枣园，总占地面积 5 600 公顷，种植有 20 万棵椰枣树、45 个品种，年产量约 5 000 吨，全部实现机械化作业，在盖西姆大学和利雅得大学实验室的技术支持下，每年对椰枣树、土壤、花粉、肥料采样分析研究，基本不采用杀虫剂等化学农药，产出的有机椰枣连续数年获得欧洲有机农业组织的认证，且整个园区只有大约 12 名工程师和工人进行生产管理，井然有序，产量稳定。

二、椰枣主要品种

阿拉伯国家在联合国粮食及农业组织登记确认的椰枣品种有 3 000 多个，主要分布在海湾六国（沙特阿拉伯、阿联酋、阿曼、巴林、卡塔尔、科威特）、伊拉克、约旦、巴勒斯坦、叙利亚以及苏丹、埃及等其他北非国家。沙特阿拉伯种植有 350 多个品种，主要为呼拉苏、苏克粒、阿支瓦、麦支杜拉、萨夫瑞、茹萨娜、纳布特赛夫、纳布特苏尔坦、俄布瑞、巴热合、苏瑞、拉术迪、安柏瑞、麦布如玛、萨法维、玛夫特利、茹拓卜、慕尼菲等品种。

呼拉苏椰枣是沙特阿拉伯第一大椰枣品种。利雅得作为第一主产区，2019 年种植数量达到 321 万棵，占全国同品种椰枣树数量的 40%；东部行政区位居第二，种植数量达到 264 万棵，占全国同品种椰枣树数量的 33%；盖西姆位居第三，种植数量达到 152 万棵，占全国同品种椰枣树数量的 19%。

其次为苏克粒椰枣。盖西姆作为主产区，2019 年种植数量约 377 万棵，占全国同品种椰枣树数量的 79%。苏克粒椰枣因口感脆甜、具有蔗糖清香味，且能促进消化等特点而闻名于阿拉伯世界。苏克粒椰枣原产于伊拉克巴士拉地区，后被引入沙特阿拉伯盖西姆地区，目前在北部的哈伊勒、焦夫、麦地那等地区都有大面积种植。

三、椰枣对华出口

椰枣作为阿拉伯国家的特色食品，深受中国消费者欢迎。目前中国椰枣市场消费比较稳定，进出口程序也相对成熟。自 2010 年开始，历届中国-阿拉伯国家博览会及中国进口博览会，沙方食品类企业参展商大多为椰枣企业。2018 年，沙特阿拉伯对华出口椰枣总额 152 万美元，仅次于伊拉克，在中国椰枣市场上占比 29.4%，并呈逐年小幅上涨趋势。

第五节 橄榄产业

除椰枣树外，沙特阿拉伯有其他树种约 2 800 万棵，其中果树约 2 000 万棵，占比约为 73%。焦夫是非椰枣果树树种主要种植区域，占比 46%，泰布克次之，占比 17%。其中橄榄是继椰枣树后第二大可持续种植生产的、政府大力鼓励扩张种植的、具有高附加值的树种。

一、橄榄引进

沙特阿拉伯橄榄油国内生产仅占国内消费的不到 20%，每年还需要进口约 3 万吨橄榄油才能保障国内基本消费需求。随着人们饮食模式的改变和健康意识的提高，沙特阿拉伯橄榄油的消费量还在继续大幅增加，年消费增长率超过 25%，而国内产量增长率只有 10%，2019 年橄榄油进口量达到 3.5 万吨，橄榄油进口量在阿拉伯国家中排名第一，每升橄榄油的价格约 30 沙特里亚尔（折合约 8 美元）。

过去由于沙漠地区干旱炎热的气候条件限制，加上稀少的降水，沙特阿拉伯只在北部地区和南部山区的植物园里种植有为数不多的橄榄。进入 21 世纪后，西班牙和沙特阿拉伯签署了促进橄榄和橄榄油工业合作的协议，由沙特阿拉伯焦夫大学和西班牙哈恩大学就橄榄科目开展课题研究合作。协议内容涵盖21个研究项目，包括建立一个橄榄和橄榄油高级研究中心，实现技术转移和知识产权转让，对橄榄的栽培和种植进行研究试验，提高其存活率和产量，探索尝试将橄榄作为可持续农业的战略选择之一。

橄榄生命力顽强，耐旱、耐盐碱，不需要大量用水灌溉，每公顷橄榄灌溉仅需 6 000 立方米的水，非常适合在类似沙特阿拉伯这样的干旱炎热地带种植。沙特阿拉伯大面积种植的橄榄主要品种是从西班牙引进的皮夸尔（Picual）橄榄，该品种名称来自西班牙文的"Pico"，因橄榄果头部尖长而得名，原产于西班牙安达卢西亚自治区哈恩地区，是全世界，特别是西班牙种植面积最大的品种。这种橄榄产油量大，橄榄果的 20%～27% 都可压榨成橄榄油，全世界橄榄油产量的 25% 都来自这种橄榄。

二、橄榄种植及成果

自 2007 年橄榄大面积种植试验在焦夫地区获得成功后，橄榄种植便向泰布克地区迅速扩展。截至 2018 年，沙特阿拉伯已建起了约 2.1 万公顷面积的橄榄种植园，种植了 2 000 多万棵橄榄，其中约 80% 的橄榄用于生产橄榄油，其余 20% 橄榄经过腌制加工直接用于食用。沙特阿拉伯也建成了世界上最大的有机橄榄园，在种植密度、面积和种植技术方面，该园堪称世界最大的现代橄榄园示范园。

2008 年以来，焦夫已举办了十二届国际橄榄油产品节，成为海湾地区最大、最重要的橄榄产品交易市场。产品节除了展示各种品质橄榄油和食用橄榄外，还展出有祛湿消炎功能的纯橄榄油、橄榄肥皂、橄榄洗发水和橄榄糠等衍生品。其间还举办各种研讨会、讲习班，讨论和推广与橄榄产业相关的新技术、新产品等。

焦夫有沙特阿拉伯最大，也是世界最大的橄榄种植基地，行政区内橄榄种植规模达 1 800 万棵，年产优质橄榄油 1 万吨，通过滴灌技术，结合橄榄密集种植法，可在 1 公顷的土地面积里种植橄榄 1 600 棵。沙特阿拉伯国家农业开发公司纳迪克（The National Agricultural Development Company，NADEC）在焦夫地区建成了种植面积 7 350 公顷、种植数量高达 500 万棵的橄榄种植园，打破了先后由智利、美国加利福尼亚州和突尼斯的橄榄种植园创造的吉尼斯世界纪录，成为全球单个体量最大的橄榄种植园。

沙特阿拉伯国家农业开发公司与西班牙 GEA Westfalia 分离器集团合作，耗资 300 万欧元建立的亚洲最大的纳迪克橄榄油厂于 2019 年底正式投入运营。该橄榄油厂引进了西班牙许多机械制造商的专业技术，采用电脑全自动控制，建立了从橄榄进入机器切割、磨碎、分离到装瓶完整的处理生产线，可将油和水分离。该系统不但最大限度地提高了产量和产品质量，同时还减少了水的消耗。

另外，沙特阿拉伯哈伊勒、泰布克、阿西尔和巴哈地区目前也开始大面积种植橄榄，哈伊勒地区的果农种植了约 8 500 公顷的橄榄，占沙特阿拉伯橄榄总种植面积的 10%，种植有各品种橄榄约 250 万棵。哈伊勒地区的采摘季节略晚于沙特阿拉伯其他地区，从 11 月 5 日开始收割，一直持续到 12 月初。一般来讲，采摘季节跨度越大，橄榄油的产量就越高。

泰布克地区也是沙特阿拉伯重要的橄榄产区之一，种植有 100 多万棵橄榄，由于独特的地理位置和气候条件，当地橄榄的产油量高于其他地区，沙特阿拉伯 27% 的橄榄油产自这里，在满足该地区市场需求的同时，还向国外出口。由于该地区不使用化学药品和肥料，保持有机种植生产，产品质量好，得到沙特阿拉伯农业发展基金的大力贷款扶持。

阿西尔地区是沙特阿拉伯最早尝试大面积种植橄榄的地区，据调查，这里自古就有一种叫"阿特姆"的黑色品种的高产橄榄，每棵树可年产 50～150 千克橄榄，具有很高的经济价值。

巴哈地区建有一片橄榄观赏园，种植有 22 个品种的橄榄，沿山坡 100 多阶梯田种植，供游客前来游览观赏。

第三章 CHAPTER 3
沙特阿拉伯畜牧和家禽养殖业 ▶▶▶

尽管沙特阿拉伯大部分地区气候炎热，土地处于干旱或半干旱状态，但也有少许原始草原，其中永久性草原占国土面积的 1.9%，森林覆盖率很低，森林面积仅占国土面积的 1.4%。畜牧养殖主要是牛、羊、骆驼、家兔等；禽类养殖以鸡为主，也有少量乳鸽、鸵鸟；还有一些养蜂业。

沙特阿拉伯原本是一个半游牧、半农业的国家，从事游牧的人口占全国人口的一半左右，他们善于饲养单峰骆驼、绵羊、山羊和马。农产品以椰枣为主，长期处于单一生产模式，粮食不能自给。从国民经济全面发展角度考虑，为摆脱食品主要依赖进口的状况，沙特阿拉伯充分调动国内闲置农业资源，自 20 世纪 70 年代开始重视农业与畜牧和家禽养殖业的全面协同发展，鼓励和调动大量的闲置人力资源和民间闲置资金投入该领域发展，通过数十年的努力，取得了显著成绩。

沙特阿拉伯农业受制于有限的可耕地和水资源瓶颈，但畜牧和家禽养殖业的发展相对较好。根据沙特阿拉伯国家统计局数据显示，2019 年，牧草可种植总面积 486.6 万杜诺亩，实际种植面积 460.1 万杜诺亩，牧草年产量 913 万吨，本国产销比为 90.4%。苜蓿草被列为沙特阿拉伯最重要、种植面积最大的牧草，种植总面积 600 万亩，占牧草种植总面积的 87%。首都利雅得是牧草第一大产区，种植面积 172 万杜诺亩，约占牧草种植总面积的 35.3%；焦夫是牧草第二大产区，种植面积 142.5 万杜诺亩，约占牧草种植总面积的 29.3%；哈伊勒是牧草第三大产区，种植面积 55.6 万杜诺亩。

第一节　主要牲畜、家禽

据沙特阿拉伯国家统计局统计数据显示，截至 2017 年，沙特阿拉伯共存栏 33 万头牛，其中新生牛犊 3.2 万头、奶牛 16.5 万头，牛奶年总产量 20.75 亿升。年存栏蛋鸡 7.6 亿只，肉鸡 8.23 亿只，年产鸡蛋 53 亿枚，自给率达到 84%。其他畜禽如鸵鸟、兔子、乳鸽等年产肉量约 2 849 吨。每年生产的牲畜总数约为 1 690 万只（峰、头），其中绵羊 900 万只、山羊 550 万只、骆驼 140 万峰、牛 100 万头。进口牲畜总数约为 850 万只（峰、头）。沙特阿拉伯是中东地区牲畜进口数量最多的国家之一。

第二节　奶 制 品

一、奶制品产业状况

沙特阿拉伯政府通过长期政策扶持和引导，鼓励当地私营企业充分利用常年炎热干燥、有利于创造无菌环境的生产条件，积极引进先进奶牛养殖和牛奶生产加工技术，保持恒温恒湿，严格品控管理，已成为中东地区奶制品主要生产加工国。沙特阿拉伯十大上市国有企业中，以奶制品生产为主的食品企业占据两席。2019 年，沙特阿拉伯日均鲜奶产量 6 500～7 000 吨，其中约 18% 用于出口，82% 用于满足本地消费或加工制成其他产品。奶制品年均出口量约 75 万吨，出口额约 10.7 亿美元，主要出口地为阿拉伯国家联盟的其他成员国等。由于沙特阿拉伯牛奶产量的增长和周边环境的影响，其国内奶制品价格全线下滑。为维持行业的稳定发展和保障收益，拓展海外市场成为沙特阿拉伯奶制品产业发展的重要途径，早日进入容量巨大的中国市场，成为沙特阿拉伯奶制品企业的殷切期盼。在沙特阿拉伯环境、水和农业部推动下，奶制品（奶粉、超高温灭菌奶等）输华事项已纳入第三次中国-沙特高级别联合委员会贸易和投资分委会会议纪要。

二、奶制品产业发展历程

自 20 世纪下半叶始，沙特阿拉伯奶制品可为每人平均供应 564.3 千焦能量，约占人每天摄入的食物总热量的 4.7%，还可供应 7.4 克蛋白质，约占人每天摄入的食物总量的 28.2%，达到世界平均水平。

1980—1990 年的 10 年间，沙特阿拉伯自产牛奶的主导地位日渐稳固，牛奶年产量平均增长率达 7.2%，奶制品年均产量达到 62.8 万吨。1991—2002 年，奶制品年均进口量由 111.4 万吨下降至 102.6 万吨，奶制品年均出口量从大约 8 000 吨增加到大约 14.3 万吨。每头奶牛日单产牛奶从 1980 年的 25 千克上升到 2002 年的 41 千克，奶制品生产成本逐年下降，而进口奶制品的价格每年增长 2.5%，因此，沙特阿拉伯国产奶的竞争力逐渐增强。另外，沙特阿拉伯本国奶产品生产规模的扩大，扩大了饲料需求缺口，饲料年均进口额度逐年增加，进口额从 1980—1990 年的年均 7.19 亿美元上升到 1991—2002 年的年均 10 亿美元。与此同时，自 80 年代初起，沙特阿拉伯引进国外优良奶牛数量和品种不断增加，引进奶牛成为传统牲畜生产系统遗传改良的核心来源，新品牛犊生产率每年增长 2.3%，奶业发展开始步入高品质、大规模、商业化、产业化发展阶段。沙特阿拉伯奶制品部门引进和培育的大量外国奶牛，主要来自美国、加拿大和荷兰，有关企业在经营中普遍采用了现代技术，包括绿色饲料栽培技术、饲料混合设备和奶制品加工和销售系统，2002 年奶制品的增加值约为 30.7 亿沙特里亚尔，约占当年沙特阿拉伯国内农业生产总值的 8.4%。奶产量由 1982 年的 6.1 万吨增长到 2002 年的 82.6 万吨，奶牛数量每年都以 5.15% 的速度增长，奶业企业达到 35 家，奶牛的平均产奶量由每年 4.78 吨提升到每年 8.2 吨。

沙特阿拉伯专业化奶制品生产企业分为三类：第一类是五家声誉卓著的大型奶牛场，集奶牛养殖、奶制品加工、绿色饲料加工和包装于一体，发挥批发作用，每家养殖奶牛 5 000 头以上，约占市场 80% 份额。其余两类为小型和中型奶牛养殖场，每家养殖奶牛 900～1 900 头，主要将生产的生牛乳提供给五大厂家进行加工销售。大型奶牛场的生牛乳平均纯利润约为 0.846 沙特里亚尔/升；中小型奶牛场的生牛乳平均纯利润约为 0.427 沙特里亚尔/升。大型奶牛场生产的鲜奶平均售价 1.25 沙特里亚尔/升。

尽管批发营销成本较高，但相对而言，奶制品批发利润仍然很可观，利润率约 15.6%，远高于鲜奶产品利润率（约 2.1%）。这主要是因为奶制品原材料价格相对便宜，来源充足，必要时还可以本国小型奶牛场或进口的奶制品原材料作为相应补充，另外，政府相关政策也保证了奶制品销售价格的相对稳定，确保奶制品销售利润达到 8.5%。

三、奶制品市场秩序维护与管控

2005 年，沙特阿拉伯国内供应牛奶量约为 51.3 万吨，价格上涨到 4.26 沙特里亚尔/升，2010 年，供应量达到约 54.4 万吨，价格上涨到 5.5 沙特里亚尔/升。为了防止奶产品供应过剩，同时保障奶产品的有序供给，2010 年末，沙特阿拉伯牛奶生产者协会采取了下列措施：

（1）对传统饲养体系进行实地调研，对其生产规模、贡献、特点、指标、销售政策和产品营销制度进行评估，并进行相应改善和调整，同时引进高新技术和精良饲料，做到规范、合理、高效。如使中小型奶牛场的发展规模减少到平均 1 000 头奶牛，将 1 000 头奶牛的产出提升到原先 1 400 头奶牛的生产水平。

（2）坚持生产和销售政策协调一致，将市场销售损耗从约 11%（生产过程损耗＋加工过程损耗＋销售残余损耗）减少到 3%，从而降低成本和提升利润，实现市场最佳效率。

（3）适当提高奶制品原材料市场供给率，使其供应量增加 12.4%，使奶业步入经济、健康、保质保量的良性发展的轨道，努力提高奶制品加工附加值。

（4）对于奶牛养殖场规模和卫生标准的设定，不但要求中小规模养牛专业户将其奶牛饲养数量由平均 1 400 头减少到平均 1 000 头，而且要求其必须符合相关的卫生标准，不达标的企业必须停止经营。而大规模、符合卫生标准的专业奶牛养殖场将得到政府大量资金支持和政策的扶持，这就促成中小型企业联合组成一个股份公司，统一生产和销售产品，同时向大型公司提供自己的产品，从而组成融入奶业生产体系发展的良性组合。

（5）加大开拓新市场的力度以增加需求，如鼓励海湾地区其他国家增加进口量，并提出了几种配套办法，如提高消费者对奶制品重要性的认识，宣传奶制品的营养价值高等。同时研究开发奶制品饮料，刺激本国厂家生产奶酪、奶粉和发酵牛奶等可储存的产品。

此外，沙特阿拉伯政府还出台相关政策，使进口奶制品的价格与本国奶制品价格保持一致，并在农业、卫生和教育部门的监督下，在学校食堂销售奶制品，将奶制品作为儿童蛋白质和钙的来源，并作为气泡饮料和工业果汁的健康、安全替代品。为了保障市场效益，沙特阿拉伯政府还采取了以下措施：一是严格执行卫生监督标准；二是按消费者的需求提高出口订单的针对性和效益；三是提供可靠和透明的销售信息，作为定期向销售机构提供的有偿服务；四是设立一个价格平衡基金，由国家储备基金提供资本，旨在减少风险、保障市场供给和维持价格平稳，以保护企业不受市场萧条和周期性价格波动的影响；五是出台了保护竞争和防止垄断的法律。

通过以上政策和措施，沙特阿拉伯的乳业得以迅速发展，奶制品生产主体从散落的小农场开始，逐渐发展成大型商业化乳业集团，为该地区的奶制品产业现代化发展奠定了坚实的基础，使当地奶制品实现了自给自足。随着宣传力度的加大、人们健康意识的提升，牛奶和奶制品成为仅次于谷物的第二大类消费品与沙特阿拉伯人民饮食的重要组成部分，奶制品产业也步入良性循环轨迹。目前，沙特阿拉伯已成为海湾阿拉伯国家合作委员会（以下简称"海合会"）区域最大的奶制品消费市场和生产国。

由于炎热干燥的自然环境，在 50℃ 的沙漠气温下，奶牛产奶量通常会下降，产品易腐烂变质。沙特阿拉伯政府利用石油美元积累的资本优势，鼓励企业贷款或融资引进先进温控系统，维持适宜的环境温度和湿度，克服了障碍，保证了国内奶业生产的稳定和可持续增长，使沙特阿拉伯奶制品工业在国家粮食安全产业序列中占有领先地位。沙特阿拉伯不但实现了奶制品自给自足，而且因为其产品价格和质量在国际市场竞争中都具有一定的优势，许多奶制品还出口到海外市场。沙特阿拉伯全国奶制品生产者委员会主席表示，截至 2020年，12 家沙特阿拉伯本土公司的日产奶量达到约 7 000 吨，每天可以灌装1 800 多万瓶、生产 35 个品种的灌装牛奶，基本可以满足当地消费需要。每天有 1 万多台专用车辆向 3.8 万家零售商派送产品，约有 1.05 万沙特阿拉伯人在奶制品公司就业，奶制品产业为沙特阿拉伯经济贡献了 18 亿美元收入。沙特阿拉伯奶业公司仍然在扩大奶制品生产，将其产量的 20%～30% 出口到周边的海湾国家等。

四、奶制品龙头企业

沙特阿拉伯最大的奶制品公司是阿尔马拉公司，成立于 1977 年，目前市值达 570 亿沙特里亚尔。该公司在美国加利福尼亚州购买了 0.57 万公顷土地用于种植苜蓿，然后运回沙特阿拉伯喂养牲畜。第二家规模化公司是沙特阿拉伯萨达富奶制品和食品公司，该公司推出了椰枣奶、大豆奶两种新产品。第三家规模化公司是爱尔兰奥努尔奶制品合作社，位于首都利雅得，为沙特阿拉伯市场建立了白色奶酪加工厂。第四家是阿牧迪奶业，主要生产黄油。

第四章 CHAPTER 4

沙特阿拉伯渔业 ▶▶▶

第一节　渔业概况

一、渔业天然环境优势

沙特阿拉伯西濒红海，东临波斯湾，2 448 千米绵长的海岸线，蕴藏着丰富的渔业资源。西边的红海海岸线长 1 800 千米，纬度跨越较大，气候适宜，水温区间为 18～30℃，海洋物种繁多，是渔业水产生物繁殖生息的沃土。西部红海沿岸地带气候适宜，物种多样，丰富的珊瑚礁为超过 1 200 种海洋生物提供了栖息之地，其中 100 余种为该海域所独有。另外，红海沿岸水域水质纯净，因为没有河流汇入，未曾被工业污染。除此之外，红海南北两端仅可通过狭长的海峡与其他海域联通，相对封闭的地理环境使得沿海地带风浪较低，平均浪高仅 0.5～1 米，十分有利于渔业的发展，因此，渔业重点发展区域主要集中在这里。

二、渔业现状

沙特阿拉伯境内淡水鱼类有 8 种，其中 5 种为地方性鱼类，海洋鱼类约为 1 280 种；鱼池数量达到 2 508 个，容积 885 万立方米；鱼虾年产量达 6.13 万吨，虾的比例为 71.7%。

由于特殊的地理环境、沙漠气候，以及独特的经济生态、产业发展历程，沙特阿拉伯将渔业分为捕捞和水产养殖，自 20 世纪 80 年代开始，经过几十年的探索实践，分别取得了可观的成果，基本渡过了研究试验和生产应用阶段，开始步入大规模产业化发展阶段。

当前,水产养殖已被沙特阿拉伯政府拟定为重点吸引外资的九大产业之一,具有巨大的增长潜力,预计年产能可达 500 万吨(包括鱼类、壳类、贝类、藻类等)。水产养殖业已成为沙特阿拉伯出口创汇的主要产业。

沙特阿拉伯环境、水和农业部 2020 年的渔业产量目标是 10 万吨,2030 年的目标是 60 万吨,计划将水产养殖打造成具有核心竞争力的本国特色产业。

三、渔业龙头企业及主要适养水产品种

沙特阿拉伯是继埃及、伊朗之后中东地区第三大捕捞和水产养殖国家,从现阶段看,其水产养殖年产规模尚不及传统捕捞,但水产养殖产业作为"沙特阿拉伯 2030 愿景"框架下重点发展的产业之一,其年均增长率持续攀升。生产方式普遍为现代化塘养、池养和近海网箱养殖等封闭循环养殖方式,主要的水产养殖产品为鲷鱼、鲈鱼等海鱼和罗非鱼等淡水鱼以及印度明对虾、螃蟹等壳类与贝类、海参等,其中海虾生产占比超过 50%。沙特阿拉伯本国渔业企业规模不等,在当地业务体量较大且具有一定行业影响力的渔业企业如下:

(1)沙特阿拉伯国家水产养殖公司(NAQUA),这是沙特阿拉伯规模最大的渔业企业,地处吉达港以南 180 千米处的红海海滨城市利斯市。该公司也是全球规模最大的渔业企业之一,其硬件条件优越,养殖设备完备,资本充足,主要生产鲷鱼、鲈鱼等海鱼和罗非鱼等淡水鱼以及印度明对虾、螃蟹等壳类与贝类、海参等水产养殖产品。

(2)沙特阿拉伯渔业公司(Saudi Fisheries),成立于 1980 年,是一家股份制企业,政府和私营部门分别持股 40% 和 60%,其最大的养殖基地位于东部行政区盖提夫市,占地 5 万平方米,除养殖鱼虾类水产品外,还将自己养殖的鱼虾类水产品加工成高附加值的食品。

(3)泰布克渔业公司(Tabuk Tisheries Co.),由吉赞能源与发展公司("Jazadco" Jazan Energy and Development Company)控股,其养殖基地位于泰布克行政区杜巴市,主要产品包括鲷鱼、鲈鱼和鲶鱼,此外,其控股股东吉赞能源与发展公司也拥有自己的海虾养殖基地。

沙特阿拉伯近年来传统捕捞业年产量稳定在 6.8 万吨左右,根据沙方渔业整体发展规划,未来拟将传统捕捞业年产规模控制在 7 万吨(表 4-1)。红海

沿岸浅海是其传统捕捞业重点作业区域，主要产品有鲷鱼、鲭鱼等鱼类和虾蟹等壳类海产品，中小型人工船只是传统捕捞作业主力军，数量接近1万艘，从业人数约2万人，其中70%从业人员是来自孟加拉国、埃及、印度、也门等国的外籍劳务人员。

表4-1 沙特阿拉伯2014—2017年渔业产量情况

单位：万吨

行业	2014年	2015年	2016年	2017年	未来趋势
捕捞业	6.7	6.8	6.8	7.0	保持稳定
水产养殖业	2.4	3.0	4	5.5	稳步增长
总计	9.1	9.8	10.8	12.5	稳步增长

资料来源：沙特阿拉伯国家统计总局。

印度明对虾是沙特阿拉伯渔业部门正在扩大养殖的品种，其商业和营养价值较高，因其是本地原生物种，对疾病有很好的抵抗能力，故繁殖良好，特别适合在沙特阿拉伯海域养殖，年产量超过8吨/公顷。

沙特阿拉伯渔业部门不但在海水水产养殖方面取得了成功，正在大面积推广，同时还尝试将淡化过的红海海水盛入特制水塘或鱼池，用来养殖淡水鱼，以供当地人食用，例如建设鲭鱼等鱼类的养殖系统，该系统由用于养殖鱼苗的矩形混凝土水池和用于养殖罗非鱼的大圆形水池组成，每个鱼池可年产12吨鱼。

沙特阿拉伯渔业部门不但对适宜周边海域生息的鱼类、壳类、贝类等生物进行研究，对其他海洋鱼类，特别是当地人喜欢食用的石斑鱼、阿拉伯鲻鱼、大西洋鲷、平鲷、泥猛鱼、鲟鱼、海鲶鱼等也加速研究。这些海产品生长周期短，成长迅速，可在6个月内上市。

沙特阿拉伯的渔业政策总体思路是优化利用周边海域渔业资源，将水产养殖当作新的经济增长领域投入更多的资金，扶持水产养殖业，以满足本国国民的水产品需求，实现自给自足，推动国民生产收入来源多样化发展，增加水产养殖业对国民生产总值的贡献，减少本国对石油和相关工业的过度依赖。

第二节　渔业发展历程

一、历史回顾

相对于中国约在4 000年前就开始了塘养或池养的水产养殖历史，沙特阿拉伯水产养殖历史比较短。其过去的渔业主要以传统捕捞为主，渔船虽多，但落后陈旧，基本不顾及休养生息，过度捕捞现象十分严重，捕捞产品主要是对虾、石斑鱼、石首鱼等。从 20 世纪 80 年代开始，政府鼓励和支持引进技术，先在沿海地区建立鱼塘或虾池，继而在近海建造网箱，尝试进行集约化水产养殖，经过数十年的探索实践，已步入快速发展的轨道。

2000 年，沙特阿拉伯共有渔船 9 585 艘。其中 9 436 艘为传统渔船；现代化渔船仅有 149 艘，主要以捕捞对虾为主，大部分归沙特阿拉伯渔业公司所有。2007 年，沙特阿拉伯现代化水产养殖业产量达到 1.6 万吨，占渔业总产量的 20%。

二、技术引进与国际合作

早在 1982 年，沙特阿拉伯政府就根据国际咨询机构的建议，与联合国粮农组织开展合作，建立了吉达渔业中心（现为水产养殖研究中心）。该中心是 1964 年联合国粮农组织援助沙特阿拉伯的 15 个农业项目之一，专门研究适合当地水产养殖的各种生物，包括海水养殖和淡水养殖，协助引进产卵和养殖技术，培训本土技术骨干，筛选适宜水产养殖的场地，为现代化水产养殖提供技术和咨询支持，助力沙特阿拉伯渔业由以出海捕捞为主的传统密集型生产转为现代化集约型水产养殖，完成产业的升级换代。

该中心初建时，以来自欧洲和亚洲的专家学者为骨干，开展各项科研工作，同时开展对本地人的专业培训，目前，该中心已经组建了由 37 名沙特阿拉伯本国研究和技术人员组成的本土化专业团队，主持并完成各项研究，还建立了全沙特阿拉伯规模最大、面积达 9 公顷的水产养殖试验基地，大规模开发水产养殖产业的条件业已成熟。

早在 2015 年，沙特阿拉伯国家水产养殖公司就已取得中国国家检验检疫管理局注册证书，2018 年中国海关组团赴沙就冻虾输华事宜进行实地考察，同年 12 月，沙特阿拉伯国家水产养殖公司与广东国联水产集团合作完成首批共计 3 万吨、价值 43 万美元冷冻对虾输华贸易，占 2018 年中国冻虾市场消费量的 0.05%。今后，沙特阿拉伯冷冻对虾一旦实现常规化向中国出口，预计中国每年的进口量可达约 30 万吨，冷冻对虾必将成为沙特阿拉伯输华非资源类产品中的主要产品之一。

水产养殖在沙特阿拉伯拥有巨大的增长潜力，仅红海区域就具有年产 500 万吨水产品（包括鱼类、壳类、贝类、藻类）的养殖开发潜力。2018 年，沙特阿拉伯水产养殖产量达到 6 万吨，2020 年达到了 10 万吨。

近年来，沙特阿拉伯水产养殖业已成为继石油、天然气后最重要的出口创汇产业，且出口量还在逐年增长。据沙特阿拉伯海关统计，2016 年沙特阿拉伯进口水产品总量 17.7 万吨，总额 3.9 亿美元，与上年基本持平；而水产品出口总量 4.5 万吨，出口创汇总额 1.37 亿美元，出口量较往年稳步上升（表 4 - 2）。2017 年，水产养殖业出口创汇 2.7 亿美元，新增就业岗位约 3 000 个，2020 年增加岗位 6 000 个。沙特阿拉伯水产品主要销往欧美、周边的部分阿拉伯国家和中国、韩国等 32 个国家、地区，亚洲是其第一大出口目的地。

表 4 - 2　沙特阿拉伯 2014—2016 年水产贸易情况

项目		2014 年	2015 年	2016 年	未来趋势
进口	数量（万吨）	18.7	17.6	17.7	逐年微降
	金额（亿美元）	4.53	4	3.9	
出口	数量（万吨）	3.9	4.1	4.5	逐年递增
	金额（亿美元）	0.83	1.02	1.37	

资料来源：沙特阿拉伯国家统计总局。

三、当地白虾在中国市场畅销

沙特阿拉伯白虾原产自印度洋，也称印度白虾，因红海海域得天独厚的生长环境，独特的气候、水质等条件，加之采用高位胶质虾塘养殖，虾的颜色比土塘养殖的同类白虾更加鲜亮，解冻后不易黑头，煮熟后色泽更红润，且口感更加脆甜，因而广受中国消费者欢迎。

2018 年 11 月，中沙双方在首次中国国际进口博览会期间签订了沙特阿拉伯白虾出口议定书，同年 12 月，沙特阿拉伯第一批白虾出口中国。2020 年，沙特阿拉伯白虾对华出口量达到了 8 万余吨，货值达 5.3 亿美元。

四、渔业发展前景

自"沙特阿拉伯 2030 愿景"实施以来，沙特阿拉伯采取了一系列措施，确保渔业的可持续发展，既要求避免过度捕捞，维护本国传统渔业生态平衡，又将渔业发展的重点方向调整为大规模开发水产养殖，并向国际开放市场，积极吸引外商投资开发。

水产养殖业是重点吸引外资的九大产业之一，沙特阿拉伯环境、水和农业部于 2016 年出台了"国家渔业发展规划"，采取了与水产养殖部门有关的多项开创性举措，旨在提升水产养殖种类、产量，助力地方经济发展，在实现粮食安全保障途径多元化的同时，努力为当地青年，特别是妇女提供就业机会。这些举措包括鼓励、吸引外商投资，减少水产养殖产品的进口，大力建设完善水产养殖孵化场、饲料厂、加工厂等配套基础设施，以期达到"沙特阿拉伯2030 愿景"计划设定的实现渔业年产 60 万吨的目标。最终把水产养殖打造成具有核心竞争力的本国特色产业。

沙特阿拉伯 2018 年已宣布向外商开放 15 个水产养殖项目，计划总投资规模 4.53 亿美元。根据环境和气候条件，15 个水产养殖场主要分布在泰布克、麦地那、麦加、阿希尔、吉赞等行政区。据悉，来自中国的广东恒兴（Evergreen）公司计划投资约 8 000 万美元进行水产养殖。此外，还有阿联酋、日本、挪威等国的公司也正与沙特阿拉伯相关部门进行接洽，抢滩沙特阿拉伯水产养殖市场。

五、渔业发展部署及潜在发展空间

沙特阿拉伯计划对外开放渔业全产业链投资，拟在饲料生产方面吸引外资 4 亿美元、育种养殖方面吸引外资 40 亿美元、冷链仓储物流方面吸引外资 2.7 亿美元（表 4 - 3）。

表 4 - 3　沙特阿拉伯国家渔业发展规划重点吸引外资领域

产业链	重点领域	内容	拟吸引外资规模
上游	饲料生产	淡水鱼、海鱼、海虾饲料及药物生产	4 亿美元
中游	育种养殖	孵化育种基地、淡水鱼循环水养殖技术、海虾养殖技术、深海网箱养殖技术	40 亿美元
下游	冷链仓储物流	产品保鲜技术、鲜活产品运输及冷链仓储技术、高附加值产品精深加工技术	2.7 亿美元

资料来源：沙特阿拉伯环境、水和农业部。

根据"沙特阿拉伯 2030 愿景",立足国民经济增长、促进粮食安全保障途径的多样化,政府对国家渔业和冷链仓储物流发展采取了 5 项试点举措,具体如下:

(1)"宣传推销行动",宣传海鲜对身体健康的益处,引导国民多食用水产养殖产品,增加人均消费量。同时提高公众对当地水产养殖产品的偏好程度,改变国民饮食习惯,提升水产品在国民饮食中的比例。随着人们健康意识的提高,胆固醇含量低且易于消化的水产类食品越来越受到消费者青睐。根据一项沙特阿拉伯政府研究,海鲜消费预计将使沙特阿拉伯国民动物蛋白消费从原先的 3% 增加到 9%。到 2030 年,沙特阿拉伯力争达到每年人均消费水产品 18 千克的全球平均水平。

(2)"吸引投资者行动",旨在通过吸引新的国内和海外投资者入市,增加对水产养殖业的投资,激活产业,提高国内生产加工能力,增加出口,减少进口,通过提高水产养殖产量,降低水产养殖生产成本,全面提升行业的竞争能力。

(3)"完善海边支撑基础设施",其目的是创造一个极具吸引力的投资环境。例如提供优良的综合后勤服务,设施完备的渔港与制冰厂、加油站、修船厂等配套设施,为从业者提供基本服务保障,并努力将水产养殖基地打造成别具魅力的旅游景点。

(4)"完善水产养殖支撑基础设施",旨在到 2030 年建成完善包括养鱼池、饲料加工厂与冷链仓储物流相关配套支撑设施,以期达到年产 60 万吨水产品的生产能力,并增加水产养殖业就业机会,吸引外国投资,减少水产养殖产品进口。

(5)"支持发展研发机构",政府拟与当地和国际知名的研究机构建立合作,建立联合研究中心,研究引进经济价值高、营养价值高的水产养殖新品种,例如海参等,开发饲料生产保障系统并确保饲料质量,研究预防鱼类死亡和改善其健康的饲养技术,建设能够提供水产养殖专业知识和咨询意见并推广现代水产养殖技术的支撑机构。

总体说来,沙特阿拉伯渔业及其深加工产业潜力有待深挖。沙特阿拉伯部分大型渔业企业已经拥有自己的水产品加工厂,大多集中在红海沿岸地区。受沙特阿拉伯人口快速增长、膳食结构改善等因素影响,预计在 2030 年之前沙特阿拉伯水产消费将保持 8% 的年均增速,市场前景可期。

第三节 渔业投资提示及相关政策

一、获得淡水鱼类水产养殖项目许可证的条件

（1）申请从事水产养殖投资项目的批复；

（2）沙特阿拉伯国籍的申请者必须拥有自己的土地，且符合从事水产养殖的基本条件；

（3）如果为了淡水渔业养殖项目租用土地，租期至少要 10 年，并附上土地文书或租赁合同的副本；

（4）如果申请者是个人，须附上身份证复印件；如果申请者是企业或公司，须附上营业执照复印件；

（5）提供精确的项目位置图；

（6）附上拟用于养殖的水的分析报告或提供水样供卫生部分析；

（7）提交项目的技术和经济可行性研究报告。

二、获得沿海鱼类等其他水产养殖项目许可证的条件

（1）申请人必须是沙特阿拉伯本国人；

（2）附上水产养殖投资项目申请书；

（3）相邻项目之间及与市区之间保持 3 千米距离；

（4）建造必要的硬化路面，以便通行；

（5）如果是个人申请，须附带一份身份证复印件；如果是企业或公司申请，需要附带营业执照复印件。

三、项目的技术和经济可行性研究报告要点

（1）表明获得海滨和海洋的财产权，这些一般属于政府所有，政府可以象征性价格进行交易；

（2）表明获得用水和取水的权利；

（3）说明鱼池用水和排水的指数；

（4）提供政府相关部门出具的关于渔业设备、鱼苗或母体及其他生产资料的进口批文，包括健康证明、原产地证、出口许可证、进口许可证、运输许可证等；

（5）提供进口鱼苗或母体基本资料，包括无传染、危险疾病的说明；

（6）说明进口鱼苗或母体符合非本地原生物种的条件或本地处于休渔期；

（7）说明进口鱼苗或母体的来源国和口岸；

（8）说明符合渔业养殖基础建设规划；

（9）说明不妨碍第三方权利，包括通行权、捕鱼权、海洋生物研究权、海洋环境保护权。

四、对本国企业资金扶持政策计划

沙特阿拉伯计划到 2030 年，投资 3.4 亿美元扶植本国水产养殖业发展，其中，2.16 亿美元计划用于建立 8 个海水水产养殖基地及相关配套设施，0.86 亿美元用于支持本国科研机构进行研发，0.27 亿美元用于进行相关市场营销推广，0.1 亿美元用于扶持本国私营渔业部门发展。

沙特阿拉伯水产养殖发展规划第一阶段目标基本已成功完成，第二阶段拟整合沙特阿拉伯的内资和外资水产养殖企业资源，从 4 家本国企业开始整合工作，与国际生产标准接轨，提高本国企业在国内、国外的行业竞争能力，实现本国渔业的可持续发展。同时还将采取以下措施：一是提升水产养殖商品的冷链仓储运输能力，做到"冷链仓储与运输评估"数据完整清晰；二是发表提高沙特阿拉伯本国青年渔业就业率倡议书；三是进一步完善渔业基础设施及渔港网络建设。

五、吸引外资企业投资的优惠政策

沙特阿拉伯水产养殖作为近年来重点吸引外资的产业之一，得到政府的高度关注和扶持。沙特阿拉伯环境、水和农业部制定了渔业发展相关规划。

2020 年 3 月 25 日，沙特阿拉伯环境、水和农业部出台相关政策，统筹协调沙特阿拉伯国家农业发展基金和工业基金两大政策性金融机构对计划投资水产养殖的 5 家外资企业提供资金支持，同时鼓励其他官方及半官方、民间金融机构积极参与。外资在沙特阿拉伯投资水产养殖发展前景良好。

第五章 CHAPTER 5
沙特阿拉伯可再生能源利用 ▶▶▶

可再生能源是指在自然界中可以不断再生、永续利用的能源，具有取之不尽、用之不竭的特点，主要包括太阳能、风能、水能、生物质能、地热能和海洋能等。可再生能源对环境无害或危害极小，而且资源分布广泛，适宜就地开发利用。

虽然沙特阿拉伯目前不存在能源问题，但在过去几年中出现了用可再生能源替代与碳氢化合物有关能源的战略趋势。事实上，沙特阿拉伯是最早通过联合国国际合作方案并投资可再生能源研究的国家之一，沙特阿拉伯政府提供了研究所需资金的一半，美国和德国等发达国家提供了另一半。

第一节　太　阳　能

太阳能是一种清洁、廉价、丰富和无污染的可再生能源，可以帮助社会克服对传统燃料的依赖。由于太阳能可以持续供应，所以有效保障了能源的安全性和独立性。在世界范围内，太阳能技术得到了广泛的应用。德国等一些欧洲国家也已经开发了特殊的规则性机制，通过政府计划和激励措施来促进光伏技术的使用。沙特阿拉伯已经成为海合会国家光伏项目的最大市场，将引领该区域成为发展太阳能的枢纽。不过，太阳能系统也存在着一些问题，其中最主要的问题就是成本高。幸运的是，随着国际能源价格的上涨，太阳能的成本正在下降，光伏能源的成本在 2010—2014 年下降了 50％，而太阳能技术成本的降低又促使太阳能技术发展效率显著提高。

太阳能是沙特阿拉伯的主要自然资源，应该为了国家的利益而充分利用。事实上，沙特阿拉伯具有开发太阳能的巨大潜力，拥有常年晴朗的天空、优越的地理位置和广阔的未利用的土地，还具有可容纳太阳能电池阵列的空旷沙漠地带和大量可用于制造硅光伏电池的透明沙层。在世界范围内，位于北纬40°和南纬40°之间的地带被称为"太阳带"，这是因为该地区的太阳能发电潜力巨大，每天可接收到大约5～9千瓦时/平方米的太阳能。沙特阿拉伯正位于该地带，在北纬16°～33°、东经34°～56°。正因如此，沙特阿拉伯每年可获得大约3 000小时的日照。此外，沙特阿拉伯每年的平均太阳辐射约为2 200千瓦时/平方米。自1960年以来，随着光伏太阳能电池价格的持续下跌，太阳能在沙特阿拉伯的应用连续增多，在沙特阿拉伯的一些地区利用丰富的太阳能是完全可行的，而且具有成本效益和竞争力。太阳能具有多种实际用途，包括道路和隧道照明、为交通灯和道路指示信号发电。此外，太阳能还可用于水加热、海水淡化和农业，如为灌溉水泵、冷却系统以及气象站的运行供能，在全球移动通信系统中也极具应用潜力。

负责发展国家能源的阿卜杜拉国王原子能和可再生能源城（KACARE）正在执行一个国家项目，其目的是从全国各地收集大量数据，衡量可再生能源。法赫德国王石油与矿产大学、气象和环境保护管理局以及沙特阿拉伯石油和矿物公司等为其提供了关于太阳能每日和每年分布模式的定量数据。KACARE将建立一个为可再生能源项目服务的巨大数据库，并对评估太阳能的应用、热设计以及建筑物和温室的环境控制做出巨大贡献。

沙特阿拉伯政府决心以国内太阳能产业为基础，通过开发太阳能光伏和太阳能热能技术，实现41吉瓦的太阳能项目，并在2015年向电网供电，到2032年支持全国1/3的发电量。将光伏系统用于抽水和海水淡化在技术上和经济上将是可行的，特别是对偏远地区来说。当地公司亦在进行一些为国内和出口市场生产太阳能光伏薄膜的可能性研究。此外，沙特阿拉伯的太阳能计划还包括促进高品质硅砂的转化，以生产出口级的太阳能玻璃。

第二节　风　　能

风能是一种丰富、廉价、可靠、取之不尽用之不竭、持久和具有高成本效益的能源，利用风力发电是解决环境和气候变化问题的有效办法，也是节约传统能源的一种手段。目前，风能在世界范围内的应用迅速增多。风能是发展最快的可再生能源，在全球，风力发电装机容量已达到14吉瓦。

风能对全球生态系统没有不利影响，是一个真正的快车道电力项目，而且建设时间较短，因此，许多发达国家和发展中国家都在大力推广这种替代能源。事实上，风力发电场经过 3～4 个月的建设就能投入使用，其规模在 0.250 兆瓦至 200 兆瓦之间。在世界范围内，风能发电能力从 1990 年开始以每年 25.7% 的速度增长，发电总量每三年翻一番，成本也稳步下降，预计未来十年还会进一步降低。在认识到风能越来越重要之后，制造商开始不断开发新技术，技术进步已经使风能在与传统发电技术的竞争中处于有利地位。

与许多公认的风能利用较成功的国家如德国、美国、丹麦、西班牙和印度等相比，沙特阿拉伯风能发电的消费量仍然过低。但风能在沙特阿拉伯具有相当大的应用价值，因为沙特阿拉伯有大片广阔的无人居住的陆地，海岸线很长，没有人为障碍，这为收集风能资源提供了可能。沙特阿拉伯的风速数据可以从法赫德国王石油与矿产大学、气象和环境保护管理局以及沙特阿拉伯石油和矿物公司处获得，在对风速进行测量和分析之后，发现夏季的风速比冬季的风速要高，同时也发现 2.5 千瓦的风力涡轮机更适合于风能生产。如果使用轮毂直径为 15～40 米、抽水成本低至每立方米 1.28 美元的风力涡轮机，就可以实现每年 30 000 立方米的总抽水能力。沙特阿拉伯沿着波斯湾和红海海岸线存在两个拥有大风属性的区域，这两个多风地区的年平均风速超过 16.7 千米/小时，具有较大的风能利用潜力。

第三节 生物质能

生物质能是来源于植物、动物、微生物的能量，是一种可再生能源。包括农作物废弃物、动物粪便等，也是人类开发最早的能源之一。生物质能目前满足了世界能源需求的 12%，应用包括发电、取暖和车辆燃料，对社会、经济和环境方面有巨大影响。此外，由于人口增长导致产生了更多的食物垃圾和农作物残渣，故将有机废物回收转化为能源已成为近年来人们关注的焦点。

椰枣是世界干旱半干旱地区，特别是中东和北非地区的主要农产品之一，因为它可以在相对较短的时间内完成生长，所以被认为是一种可再生的自然资源。椰枣生物质的主要成分是纤维素、半纤维素和木质素。此外，椰枣具有高固形物含量和低水分含量的特点，这表明椰枣在厌氧消化植物中具有良好的生物潜力，可与污泥、动物废弃物或食品废弃物共同消化。在阿拉伯国家，约有

1.2亿棵椰枣树，除了枣果外，每棵树每年产生20～35千克废物，这些废物可用于生产沼气、生物聚合物、木板、柴油混合物、乙醇、丁醇、生物表面活性剂等。来自五个主要椰枣种植国家的可用椰枣废物的数量每年达到216万千克。椰枣废料中的纤维素可以通过发酵过程转化为生物燃料（生物乙醇）。沙特阿拉伯种植着大量的椰枣树，可以促进该地区生物质能和生物燃料的发展。椰枣废弃物的低水分含量使其非常适合应用热化学转化技术，如燃烧、汽化和热解，由废物转化为能源。这些因素使得椰枣在中东和北非地区成为优秀的资源。现在已经有一系列的热能和生物化学技术可将储存在椰枣生物质中的能量转化为有用的能量形式。

沙特阿拉伯基础工业公司（SABIC）专门出口用石化原料生产的合成乙醇，产品主要销往美国和韩国。从生物质中提取的乙醇具有可再生、无毒、可生物降解、更环保等优点，具有替代化石燃料的潜力。乙醇生产的三种主要原料是糖、淀粉和木质纤维素，可以用作乙醇生产原料的生物数量众多，费萨尔国王大学的椰枣卓越研究中心正在研究将椰枣果实、副产品和树木废料作为生产乙醇的原材料。

第四节　能源节约利用

一、废水再利用节能

经过处理的废水再利用对可持续水资源管理越来越重要，特别是对干旱地区的国家来说，这些国家依靠地下水和海水淡化来满足用水需求。处理过的废水可以安全地用于工业和农业。2015年，沙特阿拉伯全国的废水处理总量为每天61万立方米，农业利用废水每天约13万立方米，17％的废水被再利用，但覆盖率仍然相对较低（2015年为60％），废水收集系统仍需改进。此外，现有的污水处理厂使用率很高，导致处理后的水质下降。使用再生废水可减少对淡水的依赖，并减轻淡水资源的压力，还可减少进入环境的污水。如果这些废水将有机和无机养分（如氮和磷酸盐）沉积到水系统中，可引起水体富营养化。对水的再利用和循环利用也被视为朝着适应气候变化和减缓气候变化迈出的积极一步。

在农业中使用再生废水可节省能源，降低淡水抽水成本，减少粮食生产的淡水消耗。再生废水还可以为作物提供养分和肥料，以减少矿物肥料的使用。沙特阿拉伯 2000 年颁布的第一个皇家法令，重点就是充分利用经处理的污水（TSE），这一办法还被纳入"沙特阿拉伯 2030 愿景"，确定将 TSE 作为国家综合水管理的一个加强的、可持续的组成部分。政府以将主要污水处理厂完全私有化作为目标，以确保在今后十年内百分之百地回收和再利用污水。TSE 对国家总供水量的贡献预计将从 2010 年的 1％逐渐上升至 2050 年的 11％。此外，沙特阿拉伯建立了许多集中和分散的废水处理厂，从个别家庭、家庭集群、独立社区、工业机构等处收集废水。

二、通过改变种植结构节能

为实现粮食的自给自足，20 世纪 70 年代初，沙特阿拉伯出台了一系列农业部门资助政策，旨在确保粮食安全和促进农村社区繁荣，作为全面替代进口发展规划的一部分，这一系列政策导致灌溉作物种植面积，主要是小麦的种植面积大幅度增长，从 1971 年的不到 40 万公顷大幅增长到 1992 年的约 160 万公顷。通过引进现代农业技术及向农民提供补贴、软贷款和无息贷款、现代农业服务等，沙特阿拉伯不仅实现了粮食自给自足，而且还生产出几种可供出口的农作物，包括谷物、蔬菜和水果。然而，沙特阿拉伯政府和该国学术界随后认识到，自给自足政策正在对沙特阿拉伯稀缺的地下水资源造成严重损害。随后政府决定取消该政策，并于 2008 年颁布了一项新政策，到 2016 年完全取消对小麦种植的支持，不鼓励种植小麦和苜蓿（用于畜牧生产）等水密集型作物，并鼓励种植水果和蔬菜等高价值作物，鼓励发展有机农业（由于化肥和杀虫剂的使用有限，水和能源需求较低），最大限度地提高灌溉率和耕地的使用效率。

水密集型、低附加值作物被低水密集程度、高附加值作物取代，因此在不损害粮食安全或农民总收入的情况下，减少了约 47％的农业用水。值得注意的是，这种情况还最大限度地减少了社会和政治混乱。在最极端的情况下，农业用水可以降低 70％，但代价是放弃包括奶制品、饲料和谷物在内的行业发展。目前，沙特阿拉伯农业消耗了大约 87％的提取水。其中有 31％用于生产紫花苜蓿和其他饲料（主要是用作肉类和奶制品行业饲料）；水果（包括椰枣）、蔬菜和谷物（包括小麦）消耗了农业用水的 35％。鉴于农业用水的占比，任何改善水资源利用可持续性的尝试都需要减少农业耗水。

第六章 CHAPTER 6
沙特阿拉伯农民教育培训 ▶▶▶

高素质农民对于创造沙特阿拉伯的农村繁荣至关重要。但是，农民素质要提升，需要接受持续的教育，要学习相关技术、企业管理以及了解农业领域的发展情况。沙特阿拉伯农业部门倡议增加农民在这些领域的知识，并帮助他们采用既不破坏环境又保证收入的耕作方法。

教育培训可帮助农民将最新的科学技术工具运用到他们的日常运营中，不仅可以提升生产效率、提高粮食品质，还可以减少对环境的危害、减少作物对水和化学物质的需求，增加利润。

"沙特阿拉伯2030愿景"提出要实现环境的可持续发展，并承诺加大对教育培训的投资力度。为此，沙特阿拉伯政府角色从公共服务提供者向管理者和监督者转变。2016年4—5月，沙特阿拉伯将农业部更名为"环境、水和农业部"，裁撤水电部，将其职能分别划归"能源、工业与矿产部"和"环境、水和农业部"，并由后者承担农民的教育培训职能。

通过加强农民教育培训，提高农民对节水农业和发展人力资源重要性的认识，可以助推农业实现可持续发展。农民的教育培训在沙特阿拉伯的国家发展计划和相关部门的职能设定中均得到了应有的重视。这些计划包含侧重于实践和促进农业可持续发展的倡议。沙特阿拉伯环境、水和农业部是农业相关活动的主要实施机构，同时，该部还兼顾向沙特阿拉伯农民提供农业技术推广服务和科研信息。

第一节　农民教育培训的发展历程

沙特阿拉伯的农民教育培训主要是沙特阿拉伯建国后，伴随着农业技术推广逐步有组织地开展的。

一、基本情况

世界银行数据显示，2019 年沙特阿拉伯总人口数约为 3 426.85 万，就业人口比例为 57.95%，其中从事农业人口占总就业人口的 2.41%，约为 47.86 万，不到全国人口的 1.4%。其农村人口为 546.07 万，约占总人口数的 15.9%。2020 年农业生产总值 179.23 亿美元，约占其国内生产总值的 2.56%。虽然受自然条件特别是水资源短缺的限制，农业生产一直难以真正实现自给自足，但沙特阿拉伯政府始终重视农业发展，在为农业的可持续发展而不懈努力。沙特阿拉伯农民的教育和技术培训工作任重而道远。

二、农民教育培训主管部门发展历程

沙特阿拉伯农民教育培训的历史基本上是与该国的农业发展和相关机构的建立联系在一起的。

在远古时代，沙特阿拉伯农业主要是在广泛分布的绿洲和西南一小片沿海土地上种植椰枣和蔬菜。小型农业基本可以满足当地社区的粮食需求，而多余的农产品则卖给路过的骆驼商队。长期以来，西南部山区一直采用梯田来收集雨水和为土壤保湿。那时的农民培训主要是小农户根据需要自行开展。

（一）农业主管部门的设立

沙特阿拉伯建国前，农业就被视为重要的生命保障和经济来源，政府对农业给予必要的支持。当时的国王批准协商委员会的决议，免除了所有农业工具的进口关税。1932 年建国后，沙特阿拉伯通过进口农业机械和设备发展农业，由财政部提供补助，将相关机械和设备以负担得起的价格分配给农民。

从那时起，在沙特阿拉伯政府的政策引导下，人们对农业的兴趣日益增长。20 世纪 30 年代末，政府在位于首都利雅得东南方的哈尔吉绿洲（Al Kharj）建立了试验农场，之后该农场不断发展壮大。农场中茂密的椰枣树林给人留下深刻的印象。由此，政府已开始在农业技术推广和农民培训中发挥组织领导作用。该农场现已成为沙特阿拉伯现代农业的中心，长期以来一直向利雅得等邻近城市居民提供面粉、奶酪、酸奶、鸡蛋、蔬菜、椰枣、西瓜和肉类等农产品。

1947 年，沙特阿拉伯财政部内设立了农业总局，其任务是改造土地、改善灌溉、分配水泵、修建水坝和运河、挖掘泉水和自流井、向农民提供贷款，并与农业技术专家合作，培训农民并指导他们采用现代农业生产方法和机械从事农业生产。农民教育培训有了最初的指导管理机构。

1953 年 12 月 24 日，农业总局根据皇家法令改建为农业与水利部。之后，该部在利雅得、哈尔吉、哈萨、麦地那、吉赞、布赖代等地区设立了 6 个农业机构和 1 个水利与水坝事务办公室。1961 年成立了农业事务局和水务局。2002 年 9 月 15 日，沙特阿拉伯政府再次颁布皇家法令，将水利部门与农业部门分离，设农业部与水电部。2016 年，农业部更名为"环境、水和农业部"，水和环境事务有关职能并入该部。

（二）环境、水和农业部的成立及其职能

目前，环境、水和农业部组成部门包括：环境局、水务局、农业局、土地和调查局、动物资源局、规划和发展局。

该部主要职能包括：

（1）监督和发展沙特阿拉伯的环境、水和农业事务；

（2）与农业发展基金协调向农民提供补贴、贷款和设备；

（3）指导农民采用现代耕作方式；

（4）准备适合农业的未耕地，并将这些土地赠予公民耕种；

（5）保护、灌溉牧场和保护森林植被；

（6）保护原生态农业、渔业和水产环境；

（7）通过水井、水坝和土坝提供适合农业的灌溉用水；

（8）鼓励将剩余的农业、畜牧业和渔业产品出口到沙特阿拉伯以外的国家和地区；

（9）增加当地食品产量；

（10）发展农业、畜牧业、渔业及相关产业；

（11）开发相关领域人力资源；

（12）使食品、动植物产品及其衍生物达到自给自足；

（13）引入农业、畜牧业和渔业领域的先进方法，进行应用研究；

（14）设计、实施、运行和维护排灌项目，并分配灌溉用水以促进资源的有效利用；

（15）保护、投资和开发水生生物资源（在海上捕捞、养殖），对海洋鱼类种群的分布面积及其数量进行调查，将这些信息传播给渔民，并鼓励他们使用现代捕鱼技术；

（16）通过陆海空港口动植物检疫系统，加强农业和动物资源保护。

第二节　农民教育培训体系

在沙特阿拉伯，农业技术推广和农民的教育培训主要是由以环境、水和农业部为主的公共机构主导，另外还有一些非公共机构也参与相关技术推广和开展教育培训。

一、公共机构

沙特阿拉伯农民教育培训体系中的公共机构主要包括农业主管部门、大学及一些研究机构等。

（一）沙特阿拉伯环境、水和农业部

沙特阿拉伯环境、水和农业部根据其农民教育培训职能建有一整套培训网络系统，包括遍布全国的培训中心、分支机构和设施等，可为农民和其他利益相关者提供各种涉农服务。该网络涵盖以下机构：13个位于主要行政区的农业事务指导总局、12个农业事务指导局、119个分支机构、26个动植物检疫机构、13个兽医单位。

沙特阿拉伯环境、水和农业部还建立了7个农业研究中心、13个渔业服务中心和分支机构、1个国家蝗虫防治研究中心、1个兽医疫苗生产中心、4个农业培训中心、8个兽医实验室和6个国家公园。

环境、水和农业部全面负责向农民提供农业教育培训服务。行政区级农业事务指导总局与各农业事务指导局、水务局的技术推广和培训人员相互配合，履行这一职能。目前，各级农业推广和培训人员约有数百名。

（二）大学

沙特阿拉伯的大学不向农民提供直接的农业推广和培训服务，但有些大学在培养未来的农业专业人员（包括推广人员），且对推广人员进行不定期的在职培训。这些大学为各种政府机构提供农业发展方面的服务，并参与农业领域研究。以下是设置有农业和畜牧学科课程的部分公立高等教育机构：

1. 沙特阿拉伯国王大学（King Saud University，KSU）

沙特阿拉伯国王大学始建于 1957 年，位于首都利雅得，是沙特阿拉伯历史最悠久、规模最大的大学。于 1965 年建立起粮食和农业科学学院，学院下设立了农业推广和社区发展中心，该学院可为农业技术推广人员组织短期培训，还为农业技术推广人员印制宣传页和传单等农业推广材料。KSU 在利雅得粮食与农业科学学院农业推广和农村社会系建立了一个农业推广中心，这是整个海湾地区唯一提供以农业扩展与农村发展为主的学位课程的部门。该部门通过提供优质教育和现代农业知识，来提高推广人员技能，推动农业技术扩散，促进可持续农业实践。沙特阿拉伯国王大学还拥有一所食品与环境技术学院（CFET），位于布赖代市（Buraydah）。

2. 费萨尔国王大学（King Faisal University）

费萨尔国王大学及四所科学学院共同成立于 1975 年，其中两所是农业与食品科学学院、兽医与畜牧学院，均位于哈萨的主校区。

3. 盖西姆大学（Qassim University）

盖西姆大学成立于 2004 年，位于盖西姆地区，拥有一所农业和兽医科学学院。

（三）研究机构

沙特阿拉伯没有向农民直接提供农业推广服务的研究机构。但一些研究机构的农业技术转让和相关服务在农业技术推广方面发挥着重要作用。许多机构的工作直接与农业发展有关，其中一些机构从事与推广有关的活动。与农业有关的研究机构如下：

1. 植物胁迫基因组学研究中心（Plant Stress Genomics Research Center）

植物胁迫基因组学研究中心位于图瓦尔的阿卜杜拉国王科技大学（成立于2009 年）内。该中心对植物耐盐碱耐干旱的机制进行研究，并开发相关技术以增加可耕地和永久性耕地面积。

2. 苏尔坦亲王环境、水和沙漠中心（Prince Sultan's Center for Environment，Water and the Desert）

该中心成立于 1986 年，位于利雅得的沙特阿拉伯国王大学内，专注于有关干旱地区环境、水和沙漠的研究，利用遥感技术开发相应环境应用。

3. 阿卜杜勒·阿齐兹国王科技城（King Abdulaziz City for Science and Technology）

阿卜杜勒·阿齐兹国王科技城成立于 1977 年，最初是沙特阿拉伯国家科学技术中心，位于利雅得，由 7 个研究所和 26 个研发中心组成，包括国家水研究中心、技术开发中心、国家生物技术中心、国家农业技术中心和国家环境技术中心等。

4. 农业研究和实验站（Agricultural Research and Experimental Station）

位于利雅得附近的农业研究和实验站是沙特阿拉伯国王大学粮食和农业科学学院的一部分，成立于 1976 年，参与农业研究、推广和培训活动。

二、非公共机构

沙特阿拉伯农民教育培训体系中的非公共机构主要指合作社等社会团体。由于沙特阿拉伯政府在农业的各个方面都对农民给予充分的支持，所以沙特阿拉伯农民组织或农业合作社数量非常少。当前有 3 个较活跃的协会：

1. 阿尔布泰恩农业合作社协会（Al-Butain Agricultural Cooperative Association）

成立于 1987 年，位于盖西姆地区的布赖代市，在劳动和社会事务部注册，拥有 246 名成员，可为成员提供物资采购、农机维护、产品销售以及田间、行政和技术咨询服务等。

2. 沙特阿拉伯有机农业协会（Saudi Organic Farming Association）

成立于 2007 年，尽管属于私人和非营利组织，但在沙特阿拉伯环境、水和农业部的监督下运作，代表有机农户、制造商、批发商、零售商和进口商，目前有 142 名成员。

3. 沙特阿拉伯水产养殖协会（Saudi Aquaculture Society）

成立于 2012 年，总部位于吉达市，在沙特阿拉伯环境、水和农业部监督下开展工作。其任务是增强可持续水产养殖业在该国发展中的作用，并在法律和法规范围内，促进国民经济增长、提升就业率、创造投资机会。

第三节　农民教育培训的发展趋势

沙特阿拉伯农民教育培训随着其国内可持续有机农业的建设显得越来越重要，同时对农技推广人员的素质要求也越来越高，这就需要不断创新教育培训的方式方法，实现农业技术信息最大化利用。

一、农民教育培训工作在可持续农业发展中将更加重要

环境保护和自然资源保护是沙特阿拉伯未来发展的最重要主题。实现可持续农业除了要有相应的政策支持和科技专家，还需要大批具有一定知识和技术的农民来付出劳动。对农民的教育和培训将在今后越来越受到重视。

教育和培训可以使农民熟练运用高科技手段来投入田间操作，而避免破坏环境，同时降低投入成本。通过农民教育培训可以有效运用合适的方案来解决农业问题，例如：产量和利润率下降、作物病虫害、营销条件差、水资源匮乏、土壤条件差等。有针对性的教育培训无疑可以帮助农民找到可行的解决方案，并帮助农民实践可持续农业。农民教育培训可以帮助农民采用现代科学耕作方法，这些方法可以提高作物产量、减少损耗，保护自然资源，解决环境问题并增加农民收入。

对农民开展教育培训，还可以提高农村对农村人口的吸引力，通过开展农村发展项目，可增加农村地区就业机会，为农村带来更好的基础设施条件并改善农民生计。现在，越来越多的农民正在放弃耕种，并且从乡村迁移到邻近的大城市定居。如果加强对农民的教育培训，使他们提高耕作技术，将有望使更多的农民留在农村发展农村经济。

因此，农民教育培训将有利于沙特阿拉伯实现发展计划目标，改善农民生活水平，并建设可持续的农村社区。

二、对参与农民教育培训的农技推广人员要求越来越高

作为农民教育培训工作重要方面的农业推广工作，在沙特阿拉伯经济转型

过程中将面临越来越高的要求。在沙特阿拉伯，推广人员的工作范围已扩展到农业以外。在当前沙特阿拉伯着重发展节水农业和有机农业的现实下，推广人员需要就自然资源管理，尤其是土壤和水的管理提供专业建议；除了做好农业专家外，还要从事农产品的销售工作。如今，在沙特阿拉伯对推广人员的能力要求越来越严格，他们必须能够促进现代农业实践，同时确保自然资源的可持续性，并提供有关农产品销售的最新信息。除了对农民进行教育外，他们还要推动农业政策的实施，并协助农民寻求无息或低息贷款、获取农场投入品和机械。另外，推进环境保护和自然资源保护已成为沙特阿拉伯国家发展战略的主要特征和目标。沙特阿拉伯非常重视其相对有限的淡水和耕地资源。联合国开发计划署估计，沙特阿拉伯农业消耗的淡水占 80% 以上，之前一些年对地下水资源的过度利用已对生态环境产生了不可逆的破坏，而地下水一旦耗竭将无法再生。因此，农技推广人员迫切需要开展相关教育，以提高农民对保护和养护不可再生自然资源的认识。在发展可持续农业的过程中，推广服务的干预将发挥积极而富有成效的作用。

对沙特阿拉伯农业技术推广人员开展的一项随机调查显示，仅有 54.7% 的人具有本科以上学历，这与沙特阿拉伯政府要求农技推广人员均需具有本科以上学历还有很大差距，并且接受调查的人员均表示出接受能力培训的愿望。由此可见，针对农技推广人员的在职培训是十分必要的，只有不断提高他们的知识储备，才能提升沙特阿拉伯农民教育培训工作的水平。

三、农民教育培训将向网络远程教育和云平台过渡

信息化是驱动农业现代化的重要新生力量，沙特阿拉伯发展现代农业，首先要努力实现农业的信息化，其重要切入点是培养农民的信息化能力。若想实现农业可持续发展，沙特阿拉伯政府需要拓展其农民网上教育培训空间，发挥远程培训优势、打造云上农业技术信息平台、开展农民手机技能培训、不断创新农民教育培训形式。新冠肺炎疫情已经在很大程度上改变了人们接受教育的方式，网上教学已经成为全球 2020 年以来开展学习的主要方式，虽然目前这仅是各国控制疫情扩散的应急方法，但我们也可以从中看出，网上教育培训所带来的便利和成本的降低。

沙特阿拉伯于 1999 年正式开始提供互联网服务。根据世界银行的数据，

2018年沙特阿拉伯使用互联网的人数占其总人口的93.31%。因此，互联网和移动通信技术在沙特阿拉伯的使用还是较为普遍的，对农民开展网络教育和培训具有一定的条件。沙特阿拉伯需要进一步加强网络教学平台的建设，同时使更多的农民掌握网络知识，以便他们通过计算机和手机获取农业技术知识。网络远程教学必将成为未来开展农民教育培训的一个重要趋势。

第七章 CHAPTER 7
沙特阿拉伯农产品三大体系建设 ▶▶▶

第一节 农产品供应保障体系

一、农产品供应政府保障机构

沙特阿拉伯谷物组织（SAGO）是 1972 年 2 月根据皇家法令成立的一个国家机构。它的职责包括建立和经营面粉厂、监督面粉生产和动物饲料生产，为沙特阿拉伯提供关键的粮食商品，在实现经济发展和满足人民生活需求方面发挥着突出的作用。SAGO 在紧急情况下保持适当的储备库存，并执行政府出台的农业政策。SAGO 是面粉行业的管理机构，也是该国面粉厂的小麦、大麦和其他谷物的主要进口商和供应商。SAGO 是沙特阿拉伯获得补贴的食品级小麦的独家进口商，主要通过对注册国际出口商开放的公开招标直接进口。SAGO 在红海的吉达港每天卸货能力为 1.2 万吨，在东部波斯湾的达曼港每天卸货能力为 10 万吨。SAGO 在全国各地总共有 13 个粮仓，总共可以储备258.5 万吨粮食。

二、海外农产品来源保障

为了保障粮食进口来源稳定，沙特阿拉伯大力推进海外农业投资。沙特阿拉伯农业和畜牧业投资公司（SALIC）就是 2009 年 4 月根据皇家法令成立的一家股份制国营企业，隶属沙特阿拉伯公共投资基金，主要从事海外农业和畜牧生产投资，愿景是成为一家聚焦粮食安全的世界级农牧业投资公司。SALIC于 2012 年开始运营，2016 年 9 月起经内阁批准确定由环境、水和农业部部长兼任公司董事长。SALIC通过到具有农业和畜牧业生产优势的国家进行投资，在海外拥有规模庞大的粮食生产基地，涉及农产品存储、加工、贸易、航运、战略储备和相关活动，同时积极参与和配合专业国际公司、相关政府和非政府组织的有关工作。

SALIC的投资项目主要涉及加拿大、澳大利亚、法国、黑海地区和巴尔干半岛的小麦和大麦，巴西、阿根廷、乌拉圭、美国、罗马尼亚的大豆和玉米，印度、巴基斯坦、澳大利亚的大米，巴西、泰国的糖，加拿大、美国、泰国和乌克兰的植物油，澳大利亚、罗马尼亚和乌克兰的饲料，澳大利亚、巴西、加拿大、新西兰、乌拉圭、哈萨克斯坦、罗马尼亚、印度和巴基斯坦的红肉。SALIC的战略目标是实现已确定为符合沙特阿拉伯粮食安全战略的所有类别货物进口覆盖率达50%以上，采购21个确定国家的12种基本大宗商品，包括小麦、大麦、玉米、大豆、大米、糖、植物油、饲料、红肉、家禽和奶制品、水产养殖产品等。为了实现目标，公司进行了战略性收购和合作。

第二节　农产品供应链体系

一、海外供应链

（1）海外供应链方面，SALIC与美国邦吉公司（Bunge）合资在加拿大建立了一家谷物运营公司G3 Global Holding，每年经营销售超过500万吨的谷物和油料种子。2020年在温哥华完成了谷物码头的建设，这将使G3成为加拿大排名前三的谷物经营公司。SALIC与本国的沙特阿拉伯国家航运公司（Bahri）于2020年8月合资成立国家粮食公司（National Grain Company），计划在红海边上的延布港兴建一个占地面积313 000平方米的粮仓，建成后预计每年储存加工500万吨粮食，将成为沙特阿拉伯进口、加工和出口谷物的仓储中心。

（2）海外农业生产与养殖方面，SALIC在乌克兰全资收购了两家农业公司，并于2018年底合并为大陆农民集团（Continental Farmers Group）。该集团是乌克兰最大的农业公司之一，在乌克兰西部经营着19.5万公顷农业用地，生产超过100万吨的谷物和油籽，包括小麦、大麦、玉米和大豆。值得注意的是，乌克兰年产小麦2 800万吨，消费量为800万吨，出口2 000万吨，而沙特阿拉伯的年度小麦消费量为 350 万吨，相当于乌克兰出口量的 17.5％。乌克兰出口的首批 6 万吨小麦已于 2020 年 9 月 28 日运抵沙特阿拉伯吉达港。SALIC 于 2019 年 3 月 28 日收购了澳大利亚 Baladjie Pty Ltd 公司，在澳大利亚西部小麦带地区获得 21.1 万公顷土地，养殖 4 万只绵羊、生产 10 万吨谷物（主要是小麦和大麦）。SALIC 于 2020 年 5 月收购印度 Daawat Foods 公司 29.91％的股份，作为该公司确保大米供应战略的一部分。为了提高农业生产效率，SALIC 还向英国农业科技公司 Hummingbird Technologies 投资 700 万英镑收购了其 13.7％的股份。除此之外，该公司还在苏丹、埃塞俄比亚、菲律宾等国大量投资农产品开发。该公司使用无人机、人工智能，用卫星图像制作高分辨率地图，帮助农民发现作物病害和杂草，并预测产量。

（3）动物蛋白质方面，SALIC 早在 2015 年就拥有巴西 Minerva 食品公司 25％的股份，并于 2020 年 9 月增加到 33.83％，而 Minerva 食品公司是南美最大的肉类生产公司之一，也是巴西第三大肉类出口商，年产量超过 100 万吨。2020 年沙特阿拉伯鸡肉进口量可能达到 55 万吨，2021 年预计为 62.5 万吨。沙特阿拉伯正在努力地增加本地供应量，目前本地供应的百分比超过了 60％。

（4）沙特阿拉伯的红肉严重依赖从非洲进口，特别是从苏丹和吉布提进口。其他来源包括海湾合作委员会国家、约旦、乌拉圭、厄立特里亚、埃塞俄比亚、澳大利亚、新西兰、巴基斯坦、格鲁吉亚、葡萄牙、匈牙利、哈萨克斯坦、罗马尼亚以及中国、阿根廷、巴西和美国。由于价格、气候的差异，这些国家很难与非洲国家形成竞争。

二、国内供应链

1. 主要百货超市

沙特阿拉伯有数十家食品进口经销商，大多建在利雅得、吉达、麦加、麦地那、达曼等地，他们拥有专业的销售队伍和强大的分销网络，并直接向沙特阿拉伯全国的零售商、批发商和酒店出售商品。一些大型的沙特阿拉伯进口商和连锁超市在国外用自己的品牌包装食品后再进口，用自有品牌进行市场推广。Salim Basamah 公司可能是沙特阿拉伯最大的食品杂货进口经销商，其他知名的民营或内外合资食品经销商包括 Freshly、Al - Alali、Harvest、Carrefour Lulu 以及许多本地连锁超市如 Hyper Panda、Othaim、Tamimi、Manuel

和 Danube 等。这些进口经销商直接从供应商那里进口部分食品，也有进口商跟国外品牌商合作开展进口贸易，往往采用独家代理的方式推广品牌，一般会要求厂家提供支持，通常是促销和营销帮助，打广告是赢得沙特阿拉伯消费者青睐的必要条件。

经销商进入大型超市和大卖场需要缴纳上架费。经销商规模越大，就越有能力协商较低的上架费。除了上架费用外，经销商还要提供指定的年度总营业额返利、参与广告活动、每周 7 天进行商店商品销售活动、提供至少 60 天的付款时限、自付租用货车费用并报销过期物品。经销商经常授权零售商向消费者提供特别优惠，例如买一送一，主要针对剩余保质期为 60 天或更短的产品。

2. 食品连锁零售商简介

（1）Hyper Panda：这家连锁超市是沙特阿拉伯最大的零售商，是一家上市公司，在沙特阿拉伯拥有 230 家零售店（大卖场和超市），在埃及还设有两家大卖场，在阿联酋迪拜设有一家大卖场。公司的大部分商品都是从本地采购，但也有直接进口。

（2）Othaim 连锁超市：这家公司在沙特阿拉伯有 227 家商店，在埃及有 46 家商店。该公司还有几个批发网点，大部分货物都是自本地采购，但也有直接进口。

（3）Bin Dawood 控股公司：这家公司在沙特阿拉伯共有 73 家商店，包括 Bin Dawood 和 Danube 连锁超市。它从本地以及国际市场上购买食品。

（4）Farm Superstores 连锁超市：这家公司在沙特阿拉伯拥有 69 家超市。该公司的大部分商品都是从本地采购，但也有直接进口。

（5）Al Raya 连锁超市：这是沙特阿拉伯和阿联酋合资的一家公司，在沙特阿拉伯的西部和南部地区拥有 54 家超级市场，部分货物在国内采购，也进口一些主食产品。

（6）Tamimi Supermarkets 连锁超市：这是一家高档超市，在沙特阿拉伯设有 45 家分店，在巴林设有 1 家。

（7）LuLu Hypermarket 连锁超市：总部设在阿联酋迪拜，在沙特阿拉伯设有 36 个网点，主要是大型超市。它在中东和亚洲拥有 150 多家大型超市。

（8）Carrefour 连锁超市：家乐福沙特阿拉伯公司是阿联酋 Majid Al Futtaim 的子公司，阿联酋 Majid Al Futtaim 家族是法国家乐福在中东、非洲和亚洲 38 个国家及地区的独家加盟商。他们在沙特阿拉伯有 18 个超级市场。

大多数沙特阿拉伯食品进口商财务状况良好，通常不会拖欠付款。但是，对于新进入市场的出口商，建议要求合作的进口商提供不可撤销的信用凭证，以保证正常交易，直到双方建立了密切的工作关系、相互信任后，再考虑其他可以降低交易成本的支付方式。

第三节 农产品批发零售体系

一、沙特阿拉伯农产品批发经销龙头企业

沙特阿拉伯具有代表性的农产品批发经销龙头企业为扎哈拉尼国际贸易集团、贾巴尔·纳赛尔·比沙公司、沙特阿拉伯鲜果蔬菜进口公司、舍热卜特力（Shurbitley）果蔬进出口公司四家，简单介绍如下。

（一）扎哈拉尼国际贸易集团

该公司是沙特阿拉伯最重要的蔬菜和水果进出口支柱企业，位列四大经销商之首，位于吉达，在全球40多个国家，如海湾国家、埃及、土耳其等国从事水果和蔬菜进出口贸易，产品涉及番茄、黄瓜、胡椒、橙子和芒果等。

（二）贾巴尔·纳赛尔·比沙公司

该公司自1989年开始从世界各地进口蔬菜和水果，在沙特阿拉伯主要蔬菜和水果进出口四大经销商中排名第二，主要从埃及、黎巴嫩、也门、叙利亚和意大利以及南非和菲律宾等国进口，同时也经销和出口国内生产的各种蔬菜和水果。位于吉达中央农批市场。吉达的中央农批市场是沙特阿拉伯主要农产品批发市场之一。

该公司不但在沙特阿拉伯各地租用大型冷库，用于储存瓜果蔬菜，而且还有一只规模可观的陆运车队，肩负着沙特阿拉伯全境的冷链供应任务，为沙特阿拉伯农产品国际贸易的发展发挥着支撑作用。

（三）沙特阿拉伯鲜果蔬菜进口公司

该公司在沙特阿拉伯主要的蔬菜和水果进出口商中名列第三，主要进口优质、高端、新鲜的柑橘、葡萄、西瓜、草莓、柠檬、香蕉、樱桃等水果，及番

茄、洋葱、大蒜、马铃薯和姜等蔬菜。与客户签订有各种农产品长期稳定的供应合同，每天从埃及、阿联酋和土耳其等国进口产品，按客户的要求定时定量供应。该公司也拥有一只规模可观的长途冷链运输车队，用于沙特阿拉伯境内分销运输。

（四）舍热卜特力（Shurbitley）果蔬进出口公司

该公司是由一家小型公司不断发展壮大而来，主要从拉丁美洲进口香蕉，从埃及、阿联酋、巴林等国进口各种果蔬，在南美和南非拥有自己的农场，在埃及建有碳酸饮料厂。该公司规模可观的运输船队、冷链物流车队以及遍布各地的大规模冷库，都为其农产品、食品供应的数量和质量提供了坚实保障。

二、著名的农产品批发市场

沙特阿拉伯各大中型城市的农产品批发零售基本处于城市中央农批市场（一级市场）—城区农批市场（二级市场）—百货超市（包括小区零售商店）三级体系中。总体而言，一级和二级市场以论堆或箱卖的趸批为主，不允许零售，只允许百货超市和零售商店采用论斤卖的零售形式。对著名的农批市场简单介绍如下。

（一）塔阿米尔农批市场

塔阿米尔农批市场位于首都利雅得，是由政府主导的新型国际化农批市场和沙特阿拉伯果蔬进出口贸易最大的交易门户，也是海湾地区第一家具有农产品国际拍卖功能的一级中央农批市场，肩负着向周边国家特别是伊拉克、阿联酋、约旦等国家和沙特阿拉伯全国二级批发市场和零售商店批发、分拨各种蔬菜和新鲜水果的任务，对沙特阿拉伯农产品物价和供应体系保障发挥着支撑作用。市场功能齐全，产品展销区块划分清晰合理，配有大型冷库和中央实验室，对经销的农产品抽检化验，确保食品安全、未受化学物品或农药残留污染。此外，还建有配套的分拣和包装工厂，为市场提供多种多样的服务。

（二）阿齐兹雅农批市场

阿齐兹雅农批市场原先是位于首都利雅得的信誉最好的农批市场（一级市

场)，肩负着向利雅得地区二级批发市场和零售商店批发、分拨各种蔬菜和新鲜水果的任务，商品物美价廉。后经政府调整，降级为二级市场。

（三）北部农批市场

位于利雅得穆鲁吉区的北部农批市场是当地人最钟爱的市场，与阿齐兹雅农批市场有一定的距离，是利雅得地区历史悠久的农批市场之一，适合以家庭为单位小量趸批采购。这里货物齐全、价格合理、质优新鲜。该市场的高知名度还得益于这里每个星期六举办的沙特阿拉伯农产品交易日活动。每逢周六，来自盖西姆、哈尔吉、哈利迪耶等产区的新鲜农副产品会齐汇于此论堆论箱趸批，深受当地百姓欢迎。

（四）圣城麦加科尔克亚农批市场

圣城麦加科尔克亚农批市场主要交易的产品包括蔬菜、水果、肉类和水产品，深受消费者欢迎。上午9点和下午4点是消费高峰，消费者们蜂拥而来，各置所需。

（五）达曼中央农批市场

位于东部地区港口城市达曼的中央农批市场每天凌晨4点就开始营业，至每天上午9时批发交易活动结束。这个市场管理严格规范，批发商、进口商、零售商必须遵守规章制度，守序经营、服装统一、持证交易；要求进出车辆停靠有序、装卸合规、干净卫生，专车装专货，例如生鲜肉类产品必须要有专用冷藏车辆装载。每天休市后，车辆装卸场地和交易场所都安排有专业清洁人员进行清洁消毒，确保食品的卫生和安全。

三、农批市场主要特征

沙特阿拉伯的农批市场作为国家"菜篮子、米袋子、肉架子"体系的供销场所，除了具备一般农批市场的功能外，还具有以下特征：

（1）政府对农批市场的宏观调控力度日益加大。随着人口的增长、市场需求日益旺盛和人民生活条件的改善，那些处于城市中心自然形成的、以脏乱差为特征的传统农批市场显然难堪重任，政府不得不通过搬迁、扩建等方式进行重新规划建设，完成治理整顿。在升级换代的同时，自然而然嵌入增添了政府宏观调控的功能。以首都利雅得塔阿米尔农批市场为例，政府合理规划设计，将新的农批市场定位为具有国际交易功能的中央农批市场、沙特阿拉伯中部地区农产品国际交易的门户，而将原来的阿齐兹雅农批市场的农产品国际交易功能弱化，降级为二级农批市场，减轻了其压力，缓解了周围的交通拥堵。又如在北部农批市场设立农产品交易日活动叠加新的功能，凸显特色，完成了新旧市场的更新换代，保持了市场供销体系的稳定有序。吉达、麦加、达曼等地的农批市场也正在按这种方法稳定有序地进行搬迁和升级换代。

（2）农批市场相对集中。由于沙特阿拉伯人口主要集中在中部利雅得、西部吉达和麦加、东部港口城市达曼，这些地区也是经济最为活跃的行政区和港口所在地，因此大型国际化农批市场也都集中在这里。

（3）农批市场利润丰厚，是年轻人发家致富的风口。沙特阿拉伯由于干旱炎热的气候、拥有大片荒凉的沙漠，没有真正意义上的农村，大多数人居住在城镇，处于半游牧状态的牧民也无法自己种植蔬菜瓜果、自给自足，不得不去农批市场或零售店购买以满足日常刚需，加上政府为了鼓励农业发展和平衡物价而发放补贴，因此通过批发市场交易的趸批和零售之间存在的巨大差价可谓当地年轻人快速发家致富的蓝海和宝藏，吸引着大批年轻人前去寻梦。例如：10 千克/箱的黄瓜趸批价为 10 沙特里亚尔，转手每千克即可用 6 沙特里亚尔卖出，等于每箱利润为 50 沙特里亚尔，利润率达到 500%，其他各种 8～10 千克/箱的蔬菜趸批价也是 10 沙特里亚尔。水果论箱卖，趸批价 15～35 沙特里亚尔/箱，价格因品种不同而异，趸批与零售价差和利润率也和上面大致相当。当地一位年轻人透露，他本人几年前仅用 500 沙特里亚尔起家，目前已经是一家大型商场的固定供货商，他现在正在想方设法成为一名合格的趸批卖手。虽然政府为了创造就业岗位，鼓励沙特阿拉伯籍年轻人积极进入农批市场谋生、成为趸批卖手，但要成为一名合格的趸批卖手需要具备一定的条件，例如必须是沙特阿拉伯本地青年，在政府部门或公司没有任职，且须品行端正、信誉良好。沙特阿拉伯年轻人一旦获批成为趸批卖手，便会得到数十万沙特里亚尔的赊销扶持，因此当地涌现出许多创业成功的典型。

第八章 CHAPTER 8
沙特阿拉伯农业政策 ▶▶▶

　　20世纪70年代之前，沙特阿拉伯传统农业大多集中在西南部有灌溉水的地区，沙漠地区的深层地下水并没有得到有效开发。由于生产技术落后，粮食、蔬菜和肉类差不多全部需要进口。

　　20世纪70年代，政府力图将游离状态的游牧部落人口转化为受国家控制的定居人口，使这一时期沙特阿拉伯人口剧增，粮食供需矛盾就显得尤为突出。另外，国际政治形势错综复杂，西方国家曾呼吁限制对沙特阿拉伯的粮食出口，用以制衡沙特阿拉伯，沙特阿拉伯粮食短缺成为国家安全的软肋。基于这两点原因，为全面发展国民经济、摆脱农产品主要依赖进口的困局，沙特阿拉伯政府计划利用石油工业收入对农业进行反哺，开始重视农业的全面发展，提出了"小麦自给"计划。

　　20世纪80年代以来，沙特阿拉伯农业有了长足的发展，种植的小麦、高粱、大麦和小米的面积和产量都大幅增长。此外，畜牧产业、园艺产业也得到快速发展，但农业的快速发展直接导致了沙特阿拉伯地下水迅速枯竭，水资源日益紧张。为此，沙特阿拉伯不得不调整农业发展政策，开始大幅削减农业补贴，限制本国农业发展，转而重点发展海外农业、节水有机农业、渔业以及粮食存储业等。

　　本章将对沙特阿拉伯农业政策体系、《2030国家农业战略》、农业投资及相关补贴政策、农村金融政策进行介绍。

第一节 农业政策体系

一、农业政策调整

（一）主粮政策调整

在粮食自给自足政策的引领下，沙特阿拉伯大力发展小麦种植，小麦成为20世纪80年代政府农业扶持政策的重点支持作物。1981年，小麦产量占谷物总产量的50%，这一指标到1984年一举跃升到85.3%。20世纪80年代中后期，国际油价的剧烈波动造成沙特阿拉伯石油收入锐减，这在很大程度上影响了政府对农业的投资，沙特阿拉伯农业银行（沙特阿拉伯农业发展基金的前身）的贷款也相应减少，粮食生产出现了很大的波动。同时，由于过度重视小麦等作物的生产，沙特阿拉伯大量抽取了不可再生的地下水，对有限的淡水资源造成了极大的消耗，在20世纪70年代至90年代30年的时间里，地下水储量减少了60%。为此，沙特阿拉伯不得不调整农业发展政策，开始大幅削减农业补贴，限制本国农业耕种。1992年，沙特阿拉伯下令逐渐减少小麦生产，对小麦种植的补贴减少了12%，从1991年的60亿沙特里亚尔减少到了52.8亿沙特里亚尔。1994年，政府宣布不再购买6个商业化农场的小麦，并且对小种植户的小麦收购实行配给制。1995年，农业补贴比前一年减少了50%，2000年，农业补贴仅为9.4亿沙特里亚尔。2008年，沙特阿拉伯放弃了自20世纪80年代初以来一直奉行的小麦自给自足政策，最终目标是到2018年完全停止小麦种植，转为进口。政策改变的主要原因是担心稀缺的淡水储备耗尽，因为沙特阿拉伯的小麦作物是百分之百依赖水利喷灌的，尽管没有对不遵守逐步取消小麦种植计划的农民进行处罚，但自2015年以来，国家采购和支持计划已经不复存在。

然而，20世纪90年代以来，沙特阿拉伯政府削减农业补贴、限制本国小麦种植的政策并没有使水资源使用量下降，农户转而向用水需求量更大的苜蓿种植、畜牧、饲料和蔬菜产业发展。1997—2001年，沙特阿拉伯肉类、水果和蔬菜的大量生产和出口，造成总量约为124.4亿立方米的水资源消耗，相当于沙特阿拉伯2004年2 300万人口饮用水和家庭用水的6倍。因此，2019年，政府部分取消了已实施三年的国内小麦生产禁令，这可能会使未来小麦的产量得以提高。

面对地下蓄水层水量被迅速耗尽的困境，为保证沙特阿拉伯粮食安全，2009年，沙特阿拉伯提出了海外粮食发展计划，于2010年成立了对外农业投资公司，并鼓励沙特阿拉伯投资者利用海外资源和自身经验，建立海外农业生产基地，为沙特阿拉伯提供稳定的海外粮食供应。事实上，早在2008年6月，沙特阿拉伯就已经开始与许多著名的粮食生产国进行谈判，以期在当地建设生产基地并使用最先进的谷物种植技术。2011年6月，沙特阿拉伯对外农业投资公司在埃塞俄比亚西部获得了10 000公顷土地，用于种植水稻、小麦等。根据2011年统计，沙特阿拉伯在海外已谈成较大规模的农业投资置地项目14个，已获得农业耕地76.55万公顷。2012年统计数据显示，沙特阿拉伯投资者已累计在阿根廷、巴西、加拿大、苏丹和乌克兰的农业项目上投资了约110亿美元。2013年3月，沙特阿拉伯以高额溢价收购了大陆农民集团（Continental Farmers Group），从而提高了在海外拓展农业业务的能力。同时，由于严重的土地和水资源供应问题，加上基本农产品消费量大，沙特阿拉伯也在寻求增加对外国农业生产投资的方式和途径，特别是寻求在非洲和拉丁美洲进行农业投资。

（二）畜牧业政策调整

畜牧业是沙特阿拉伯人传统的食物和经济来源，是沙特阿拉伯文化传统的一部分，也是国民生产总值的重要部分，在沙特阿拉伯农业中占有重要地位。石油经济盛行之前，尽管贝都因（Bedouin）人沿袭传统的游牧方式，把饲养的动物放牧到绿洲附近或靠近水井的地方，便于牲畜摄入水和草料，但是其生产仍不能自给自足，需要依赖当地的农民和商人给他们提供粮食和其他生活物资。同时，当地的农民和商人也需要贝都因人照看他们的骆驼。贝都因人会替定居人口放牧和繁殖他们的牲畜，以换取部分农户的农产品，比如椰枣、衣服和其他生活必需品。此外，贝都因人还会对通过其领土的骆驼队收取通行费和保护费，以此来补充增加收入。

自20世纪70年代以来，政府对农业进行了大规模的结构调整，耕种面积增加，饲养动物所需的基本饲料逐渐由游牧草料转为耕种饲料。在政府政策干预下，畜牧业饲养模式由游牧转变成专业化、机械化、商业化、集约化的现代化饲养模式。政府对畜牧发展也给予了一定的补助，比如在动物疾病防控、畜牧业推广等方面给予了经济支持。进入 20 世纪 90 年代，沙特阿拉伯发展成阿拉伯地区重要的奶制品生产国家。然而，沙特阿拉伯政府对畜牧业的投资并不稳定，主要取决于石油的收入，在石油收入减少的年份，补助相对较少，投资政策的不持续对畜牧业发展造成不利影响。同时，沙特阿拉伯畜牧业的发展也受到牧场土地缺乏和政府对水资源保护政策的制约。目前，沙特阿拉伯政府对畜牧业发展也采取了同小麦类似的海外发展计划，鼓励企业进行海外投资，在别的国家租赁土地种植畜牧生产所需的大麦、苜蓿等饲料作物。然而，在寻求海外农业发展的过程中，也存在着许多不可控因素，虽然很多年前沙特阿拉伯就已经为此做出了很多努力，和很多国家进行过协商谈判，但是实际产生良好效果的项目并不是很多。

（三）家禽养殖业政策调整

鸡肉是沙特阿拉伯人日常饮食中的重要肉类。随着经济和人口的增长，沙特阿拉伯政府从 20 世纪 70 年代起，把家禽业作为重点扶持产业，大力发展家禽养殖，期望实现家禽产品自给自足。沙特阿拉伯政府对家禽业发展给予了巨大的经济支持，比如通过补贴政策和提供无息贷款支持建立新农场，支付养殖户家禽设备成本费用的 25% 以及给予饲料玉米和豆粕购买补贴。沙特阿拉伯本国肉鸡的数量从 1984 年的 1.43 亿只增加到 1990 年的 2.7 亿只，而鸡蛋的产量也从 1984 年的 18.52 亿枚增加到 1990 年的 20.59 亿枚，至 2020 年，沙特阿拉伯全国鸡肉产量达 80 万吨。尽管沙特阿拉伯家禽业发展迅速，但是沙特阿拉伯全国鸡肉消费仍有 80 万吨的缺口。为此，沙特阿拉伯政府期望通过家禽业的全面现代化管理完全实现家禽产品自给自足。政府制定了针对家禽业扶持的新政策，给予养殖户更多的补贴并帮助他们建造冷库、购买冷藏卡车和包装设备，期望在未来 5 年将养鸡能力提升 60%。尽管沙特阿拉伯鸡肉的国内需求大过国内供应，存在贸易逆差，但由于沙特阿拉伯生产的冷冻鸡肉能满足清真食品的标准，在伊斯兰国家销售具有价格优势，沙特阿拉伯曾经将部分鸡肉产品出口到邻近的阿拉伯国家，例如卡塔尔、巴林、科威特、阿联酋、阿曼和也门。然而，随着全球谷物价格升高、饲料购买成本增加，养殖场疾病暴发、家禽死亡率升高以及进口鸡肉价格上涨等，沙特阿拉伯家禽零售价格上涨，引发民众的不满，以至于抵制鸡肉消费。因此，沙特阿拉伯政府为缓解鸡肉价格上涨，在 2012 年 10 月上旬下令禁止出口鸡肉。

（四）奶制品政策调整

奶制品是沙特阿拉伯人主要饮食之一，也是沙特阿拉伯政府农业发展计划的重要组成部分。沙特阿拉伯政府在农场建设和经济补贴等方面对奶制品的发展也给予了大量支持。从 20 世纪 70 年代至 80 年代后期，沙特阿拉伯建立了大量的现代农场，并对贝都因人养殖牛羊以及小型农场的发展提供经济补贴，实现了奶制品的自给自足。1998 年，沙特阿拉伯现代农场拥有奶牛 15 万头，年产鲜牛奶 51 万吨，此外，传统农户生产的羊奶、骆驼奶也达到了年产 30 万吨水平。2002 年，沙特阿拉伯现代农场生产的牛奶价值达到 16 亿美元，并刺激了奶制品加工业的发展，相关产品有奶粉、奶酪和黄油等。沙特阿拉伯奶制品除了满足本国市场需求，还出口到约旦、伊拉克、阿联酋、巴林等周边国家。仅 1996 年，沙特阿拉伯出口到周边海湾国家的奶制品就达到 5.7 万吨。然而，受多方面因素影响，沙特阿拉伯的奶制品出口量逐年下降。

二、相关产业扶持政策及措施

沙特阿拉伯政府鼓励国民从事畜牧业、家禽养殖业、设施农业和水产养殖业等高附加值产业生产，对从业者特别是小微业主给予各种补贴和政策扶持，目的是最大限度地促进相关产业发展，并鼓励教育、培训从业者从传统养殖、生产模式转向可产生高附加值的现代化生产模式。

2020 年 12 月，沙特阿拉伯环境、水和农业部发放了第 16 期支持小微业主的 1.33 亿沙特里亚尔补贴，并将其存入小微业主受益人账户。这既有助于加强沙特阿拉伯的粮食安全保障，也是对支持高附加值畜牧、家禽养殖、水产养殖业高效现代化发展政策的有效落实。2021 年 2 月，沙特阿拉伯环境、水和农业部又公布实施了第 17 期小微业主享受补贴款项资格标准，随后依该标准向小微业主发放了第 17 期补贴。沙特阿拉伯环境、水和农业部在一份声明中说：自补贴扶持方案启动以来，该项补贴总额超过 16.4 亿沙特里亚尔，所有符合资格的人都能得到资助。目前已有 10.1 万余名小微业主受益，其中男性 7.8 万人，女性 2.3 万人。

早在 2017 年，沙特阿拉伯环境、水和农业部就批准发放了 175 个家禽养殖项目许可证，2018 年又发放了 194 个家禽养殖项目许可证，力争使国内肉鸡供给率从 2018 年的 47％提高到 2020 年的 60％。根据最近的农业普查，家禽年存栏数量为 2 800 万只，从事家禽生产的农场为 529 个。除此之外，政府还从预算中又拨出 78.1 亿沙特里亚尔，用于加强粮食安全保障、农业和渔业基础设施建设，新建 145 个有机农场，推动产业的多样化，使农业部门的贡献达到本土生产总值的 3％，相当于 520 亿沙特里亚尔，争取农业部门为国民提供 40.4 万份工作。政府还计划在波斯湾和红海沿线地区新建 42 个渔港，加大力度开发水产养殖业，争取到 2030 年将渔业产量提高到 60 万吨，多创造数千个就业岗位。

近年来，沙特阿拉伯新出台的《投资法》放宽了对水产养殖投资的管制，水产养殖项目可由外商独资或与沙特阿拉伯企业合资经营，对进口水产养殖设备、饲料、仪器和化学物品给予关税减免，并允许投资者自由转让公司持股份额。

据沙特阿拉伯《经济报》2020 年 6 月 29 日报道，沙特阿拉伯环境、水和农业部下属国家农业发展基金已经批准 2021—2025 年五年发展计划。新的农业发展计划目标与《2030 国家农业战略》和国家粮食安全战略相呼应，继续加强和支持主要农业部门发展，其中包括家禽养殖、温室栽培、水产养殖等行业，加快推动农业的可持续发展和升级转型；主动发挥信贷支持作用，重点在农业投融资、农业供应链建设等方面发力。此外还将提高资金运营效率和资本投资回报率，努力实现本地农业的发展目标。

国家农业发展基金在上一个农业五年发展计划（2016—2020 年）中成功地实现财务收支平衡和可持续发展。国家农业发展基金通过科学管理不断提高资金使用效率和投资回报率，避免了收入负增长情况的发生，使农业活动融资总额从 2016 年的 4.5 亿沙特里亚尔跃升至 2019 年的 19 亿沙特里亚尔，做到了与农业农村同步发展。作为农业部门未来发展的重要支撑，新的五年计划更加侧重于农业发展中各部门间的协同作战，推动数字化、智能化经济转型，同时根据国家不同区域的农业发展现状采取因地制宜政策，灵活施策，鼓励使用现代化农业高科技，做到既要保护自然资源，还要提高农业生产效率、增加附加值，实现农牧渔产业的集约化发展。

三、政府配套的相关公共服务

沙特阿拉伯环境、水和农业部内设立有畜牧家禽产业局，专门研究制定相关产业规划、政策、法律和特别条例，如牲畜制度、兽医补贴标准等；建有一个中央动物疾病诊断实验室，研究动物疾病、监测动物健康状况，提供兽医服务，防控地方性动物疾病与人畜共患的动物传染病、流行病；还有一个优质品种保护中心，专门对沙特阿拉伯本地的优质品种和珍稀动物进行研究，并对其提供保护。

沙特阿拉伯环境、水和农业部是渔业的主管部门，由次大臣分管渔业事务，渔业水产养殖协会（Saudi Aquaculture Society）系本国渔业行业组织，由环境、水和农业部监督和指导。

水产养殖业是沙特阿拉伯出口创汇的主要产业，沙特阿拉伯也是世界白虾的主要出口国之一。为了维护这一发展优势，沙特阿拉伯政府更加注重遵守水产养殖的规范和标准，要求严格按照国际相关安全标准进行作业，确保该行业的所有公司均通过最佳水产养殖规范（BAP）标准认证，确保生产加工过程卫生、产品质量稳定。

第二节　《2030 国家农业战略》

为了响应"沙特阿拉伯 2030 愿景"总体战略，应对发展形势的变化，沙特阿拉伯环境、水和农业部于 2020 年 7 月发布了《2030 国家农业战略》，本节对该战略作简要介绍。

一、《2030 国家农业战略》五大目标

（1）改善对自然资源的利用，维持农业生产可持续，保障水资源安全，保护自然环境；

（2）加强食品安全；

（3）创造就业机会，促进乡村可持续发展，为小微农户创造有利的生产生活条件；

（4）提高农产品和农业生产的服务自给比例，提高农产品市场竞争力和农业投资效率，加强农业对经济的贡献；

（5）保障动物的健康，保障植物免遭病虫害侵扰，进而确保农产品的安全。

二、《2030 国家农业战略》核心任务

（一）核心任务一：保障自然资源的可持续利用

首先是大幅缩减农业部门对不可再生地下水的消耗；大力发展灌溉系统，改善土地利用和农业废弃物综合利用水平；助推本国水、环境和牧场资源战略的大政方针顺利实施落地。具体措施如下：

（1）改善灌溉用水的供应和分配；

（2）恢复梯田和雨水收集池塘设施；

（3）加强天气预报和预报信息知识推广，提高采集雨水的使用效率；

（4）加强灌溉部门的组织性和能力建设；

（5）推广现代灌溉技术和指导服务，提升灌溉体系的经济可持续性；

（6）提高耕地的利用效率；

（7）加强农业废弃物综合利用。

（二）核心任务二：保障食品安全

该项任务旨在结合农业战略中关于食品安全和海外投资的指导方针要求，实现所有农产品的自给自足和战略储存目的。具体措施如下：

（1）执行海外投资战略，制定实施计划；

（2）执行有效的食品战略储备和储存计划，完善农业市场信息系统建设等；

（3）建立与食品安全保障机构、政策、法律法规相适应的食品供给结构、协调机制等；

（4）结合相关标准、国际经验，实施国家粮食歉收减损保护计划。

（三）核心任务三：积极发展农业营销和服务体系

该项任务旨在通过与私营企业合作、发展农业市场营销，激活合作社功能、提高农业服务自给率。具体措施如下：

（1）为椰枣树种植和加工产业建立国家级对外门户；

（2）提升农业合作社区的功能；

（3）成立一家专门提供农业服务的公司；

（4）建立为小微农户和生产企业提供服务的市场销售中心；

（5）进一步完善财政援助机制；

（6）为瓜果蔬菜、畜牧和水产品批发市场提供公益性管理服务。

（四）核心任务四：农业农村可持续发展

该项任务旨在通过发展农业，特别是农产品的深加工和贸易来提升乡村小微农户的生产能力，从而确保乡村经济和社会的可持续发展。具体措施如下：

（1）发展阿拉伯咖啡及其加工和销售产业；

（2）扶持小型养殖户；

（3）发展养蜂和蜂蜜生产加工产业；

（4）发展玫瑰种植产业和贸易；

（5）发展水果的生产、加工和销售；

（6）扶持小微渔场的发展；

（7）发展农作物雨水灌溉；

（8）开发小农经济的附加值。

（五）核心任务五：维护动植物健康

该项任务的目标是通过加强检验检疫和采取多种预防措施，建立相应的隔离和控制机制，保障农产品的质量安全。具体措施如下：

（1）建立对畜牧业和渔业病毒进行隔离和控制的机制；

（2）建立针对本地畜类和鱼类疾病的疫苗研发和生产中心；

（3）建立植物病虫害综合治理体系；

（4）建立动植物检验检疫专区，开发先进的检验检疫系统；

（5）建立针对椰枣树红棕象甲虫害的预防和灭虫中心。

（六）核心任务六：提高农业生产力

该项任务旨在引进最先进的技术，采用最佳方法，加强研究和开发，以提高农业生产效率，实现国内生产目标，同时确保农业可持续发展。具体措施如下：

（1）加强农业应用研究；

（2）引进和研发适宜当地的农业技术，特别是耐盐碱或海水农业技术；

（3）改善畜牧业的可持续性；

（4）提高农业投入品的使用效率；

（5）发展有机农业；

（6）推广良好的农业模式；

（7）发展水产养殖并开拓国际市场；

（8）建设配套渔港。

（七）核心任务七：改善各部门运行机制、提升能力建设

该项任务旨在改善各部门运行机制，强化劳动力教育和培训，为农业部门建立最先进的信息系统和完整的数据库。具体措施如下：

（1）设立农业战略实施管理办公室；

（2）建立农业数据库和信息系统；

（3）建立农业登记制度；

（4）加强劳动力教育、培训，鼓励就业本地化。

三、农作物种植和产品生产配置的具体办法

《2030 国家农业战略》确定了沙特阿拉伯农业的发展方向，还根据各区域的相对优势，特别是水资源优势，对农作物种植结构进行了配置，主要是基于用水配额、用水效率和作物相对重要性等来划定种植面积，同时还对每个区域优先种植什么农作物品种做出了明确规定。为有效落实，政府还出台了一系列办法，具体如下：

（1）银行贷款范围仅局限于符合政府规定的农业项目；

（2）免费服务或政府补贴仅限于符合农业战略的项目；

（3）科研和技术推广活动仅限于符合政府规定的农产品。

四、主要农产品种植指导意见

《2030 国家农业战略》主要农产品种植指导意见见表 8－1。

表 8－1 《2030 国家农业战略》主要农产品种植指导意见

产业	政府指导意见
粮食	2019—2024 年最少每年向本地麦农收购 70 万吨小麦，用小麦种植替代牧草种植

（续）

产业	政府指导意见
蔬菜	①将蔬菜自给率从 70％提升到 100％； ②采用先进的生产方式，生产具有特色的蔬菜，鼓励种植耐旱蔬菜和有机蔬菜； ③持续鼓励设施温室大棚种植，提高产能
椰枣	①继续保持 115％的高水平自给率，同时推动椰枣出口； ②鼓励采用先进的方法改良生产，重点解决红棕象甲虫害
青贮饲料	①将本地青贮饲料自给率降低到 25％以下； ②加大海外投资力度，提升海外青贮饲料储存能力
水果	①将本地水果自给率由 25％提高到 40％； ②采用先进的生产方式，生产具有特色的水果，鼓励种植耐旱水果和有机水果
红肉	①努力将自给率保持在 25％～30％； ②将牲畜数量降低 40％，加强牲畜养殖部门管理，将现有生产效率提高 0.7％
家禽	将自给率由 47％提高到 65％
渔业	①将传统捕捞和水产养殖产量提升到 60 万吨； ②促进水产养殖产品出口
奶	努力保持目前的鲜奶自给率
蛋	努力保持目前的鸡蛋自给率

第九章 CHAPTER 9
沙特阿拉伯农产品贸易与政策 ▶▶▶

农产品贸易特别是国际贸易对沙特阿拉伯的粮食安全发挥着关键作用,由一般的纯进口发展到在海外进行农业投资再进口是沙特阿拉伯农业的亮点和值得中国借鉴的成功经验。

第一节　农产品贸易发展

作为一个沙漠国家,沙特阿拉伯的食品严重依赖进口,粮食进口需求不断增长的原因,主要是人口持续增长、游客人数增加、人民可支配收入提高。沙特阿拉伯大部分食品进口都是通过红海的吉达港或波斯湾的达曼港,来自约旦、叙利亚和其他附近国家的进口货物通常使用卡车运输,空运的新鲜水果、蔬菜和冷冻肉需要通过利雅得和吉达的国际机场进入。

沙特阿拉伯食品制造和加工行业在过去十年中迅速发展,得益于本国政府强有力的支持,包括对特定食品经营者给予生产设备直接补贴、低廉的土地租赁价格、长期无息贷款、原材料的免税进口优惠以及公用设施的高额补贴。使用进口材料和原料在本地加工的主要食品有面包、奶制品、畜禽肉制品、冷冻蔬菜、果酱、果汁、饼干、薯片、花生酱、香料、辣酱、番茄酱、糖果、醋、面食、蜂蜜、茶、罐头豆、食用油、黄油、蛋黄酱、早餐谷物和冰淇淋等。沙特阿拉伯出口到其他五个海合会国家(科威特、阿曼、卡塔尔、巴林、阿联酋)的食品和饮料产品可获得关税豁免,这使其产品比其他出口国家同类产品更具竞争优势。因此,沙特阿拉伯生产的农产品几乎占领了整个阿拉伯半岛的农产品市场,另有大量农产品可出口到其他中东、非洲甚至欧洲国家,并有少量出口到北美,以满足穆斯林对清真食品的需求。

在过去的二十年中，沙特阿拉伯经历了由快速发展的经济引起的快速社会文化变革。较高的可支配收入使沙特阿拉伯人得以前往西方接受教育和旅游，并更多地了解西方食物和文化。消费者对"新食品"有着浓厚的兴趣。即食食品、家庭替代食品、快餐和外卖食品在沙特阿拉伯年轻人中越来越受欢迎。西式零售店（超市和大卖场）和快餐店的迅速发展改变了沙特阿拉伯消费者的口味和喜好。随着人们健康意识的增强，对天然、有机和更健康食品（低盐、糖，高纤维或添加维生素食品）的需求不断增长。越来越多的沙特阿拉伯人追求高品质的食物，并愿意为高品质付出更多，这些都促进了食品进口贸易的发展。

第二节　农产品贸易现状

沙特阿拉伯从 20 世纪 80 年代开始，努力提高农产品的自给率，鼓励农民扩大种植面积，对农产品给予优惠补贴，尤其是对小麦和奶制品的生产提供了大量的补助，从而调动了农民的生产积极性，一度在小麦、鲜奶、椰枣、鸡蛋等方面实现了自给。进入 20 世纪 90 年代，沙特阿拉伯一跃成为全球第六大粮食出口国，2005 年加入世界贸易组织（WTO），2015 年后国内谷物种植面积大量减少，粮食供应改为主要由海外进口，究其原因主要与本国的水资源匮乏和过度开采地下水有关，鉴于前面章节已经对沙特阿拉伯的农业历史作了较详细的论述，本章不再赘述。

由于新冠肺炎疫情大流行扰乱了全球经济，因此在 2020 年上半年，世界商品贸易量急剧下降，沙特阿拉伯也受到了较大影响。根据世界综合贸易解决方案（World Integrated Trade Solution，WITS）网站数据，沙特阿拉伯的主要农产品贸易情况如下。

2018 年，粮食进口额为 67.4 亿美元，较 2017 年的 74.7 亿美元减少约 9.77%。2018 年从欧洲和中亚地区进口粮食的额度占比最高，约占 46.74%，达 31.5 亿美元；其次是中东和北非地区，约占 19.26%，达 12.98 亿美元。

2018 年，动物产品进口额为 48 亿美元，较 2017 年的 49.8 亿美元减少约 3.61%。2018 年从欧洲和中亚地区进口的额度占比最高，约占 24.58%，达 11.8 亿美元；其次是拉丁美洲和加勒比海地区，约占 23.79%，达 11.42 亿美元。

2018 年，蔬菜进口额为 83.76 亿美元，较 2017 年的 93.62 亿美元降低约 10.53％。2018 年从欧洲和中亚地区进口的额度占比最高，约占 22.96％，达 19.23 亿美元；其次是南亚地区，约占 19.02％，达 15.93 亿美元。

沙特阿拉伯是世界能源生产大国，尽管农业得到长足发展，产值不断提高，但其在国民经济中的占比不但较小，而且还呈逐渐下降趋势。农业、畜牧业和渔业只贡献了 4％的就业岗位。2009 年农业占沙特阿拉伯国内生产总值 (GDP) 的 2.8％，2019 年农业产值 177.1 亿美元，占 2019 年 GDP 7 929.96 亿美元的 2.23％。2020 年，新冠肺炎疫情对沙特阿拉伯国内餐饮业等消费的负面作用，抑制了粮食产品消费，导致沙特阿拉伯农产品进口量减少。

一、谷物进口情况

沙特阿拉伯的谷物自给率比较低，只有 20％多，依靠大量进口才能满足国内的需求。

(1) 小麦进口。据美国农业部数据显示，2018—2019 年度（指 7 月至次年 6 月，大麦进口年度与此相同）沙特阿拉伯进口小麦 292 万吨，较 2017—2018 年度的 343 万吨减少约 14.87％，较 2016—2017 年度的 363 万吨减少 19.56％。2019—2020 年度沙特阿拉伯小麦进口量为 345 万吨，较上一年度增长约 18.2％，增长的主要原因是沙特阿拉伯国内小麦产量减少。预计由于沙特阿拉伯 2020 年小麦产量的增长，2020—2021 年度其小麦进口量将减少 10％。小麦进口的主要来源国分别是德国、拉脱维亚、法国、波兰等。

(2) 大麦进口。沙特阿拉伯是世界上最大的大麦进口国，年均进口约 600 万吨，全部用作饲料。2018—2019 年度沙特阿拉伯进口大麦共 649 万吨，较 2017—2018 年度的 794 万吨减少 18.26％，较 2016—2017 年度的 806 万吨减少 19.48％。据美国农业部网站数据显示，2019—2020 年度沙特阿拉伯大麦进口总量预计将下降 7.6％至 600 万吨。沙特阿拉伯国内畜牧业对大麦需求下降是预测大麦进口量大幅下降的主要原因。大麦进口的主要来源国为俄罗斯、乌克兰、阿根廷、德国、法国等。

(3) 大米进口。大米是沙特阿拉伯第二大谷物食品，国内不生产，全部依靠进口。私营公司可自由将大米进口到沙特阿拉伯，大米进口没有关税，但也没有补贴。2019 年，沙特阿拉伯大米进口量为 127 万吨，较 2018 年的 131 万吨减少约 3.05%，较 2017 年的 116 万吨增加 9.48%，进口量浮动不大。2020 年预计沙特阿拉伯大米进口量将降至 110 万吨，进口减少的主要原因是新冠肺炎疫情使其国内需求减少。大米进口的主要来源国是印度、美国、巴基斯坦、泰国、澳大利亚等。来自印度的大米大约占沙特阿拉伯进口量的 70% 以上。

（4）玉米进口。沙特阿拉伯国内种植玉米数量非常有限，玉米年产约 8 万吨。据美国农业部数据，2018—2019 年度（10 月至次年 9 月）沙特阿拉伯玉米进口 367 万吨，较 2017—2018 年度的 398 万吨减少 7.79%，较 2016—2017 年度的 345 万吨增加 6.38%。2019—2020 年度的前 5 个月进口量为 160 万吨，较上年度同期的 155 万吨增加 3.23%。增长的主要原因是一些玉米饲料加工企业得知沙特阿拉伯政府将从 2020 年 1 月 1 日起停止对玉米进口的补贴，提前进口了大量玉米。预测显示，2019—2020 年度玉米进口量将较上年度减少 10%，约为 330 万吨。主要原因还是沙特阿拉伯政府停止对玉米进口的补贴，而使中小玉米加工企业减少了进口量。玉米进口的主要来源国是阿根廷、美国、巴西、巴拉圭等。沙特阿拉伯从阿根廷和美国进口的玉米量占总进口量的 80% 以上。

二、蔬菜、水果以及其他作物进出口情况

（1）沙特阿拉伯近年蔬菜及水果的产量有所增加，但仍然进口大量的新鲜蔬菜及水果，尤其是番茄及橙子、香蕉的进口量较大。加工水果及蔬菜主要的进口来源国为荷兰、西班牙、埃及、美国等。沙特阿拉伯是海合会国家中最大的苹果进口国，主要的进口来源国为智利、法国、美国、伊朗。2018 年沙特阿拉伯进口番茄 18.97 万吨、洋葱 38.13 万吨、柑橘 40.28 万吨、香蕉 26.61 万吨、苹果 18.74 万吨。

（2）椰枣是沙特阿拉伯的重要农作物，年产约 150 万吨，2018 年椰枣出口额世界排名第一，达到 2 亿美元，出口量为 16.19 万吨。

（3）糖料和大豆的进口量比较大。2018 年沙特阿拉伯蔗糖进口量世界排名第一，为 1.48 万吨。2018 年沙特阿拉伯进口大豆 53.96 万吨，主要进口来源国是巴西和美国。

三、奶制品及肉类进口情况

（1）沙特阿拉伯奶制品的生产发展很快，但其国内奶制品需求仍然依赖大量进口来满足。2019 年的进口量达到 256 万吨，较 2018 年的 266 万吨减少 3.76％。另外每年干酪的进口额超过 2.5 亿美元，主要的进口来源国为丹麦、澳大利亚、法国、波兰和新西兰。中国对沙特阿拉伯出口此类农产品非常少。2020 年 6 月 20 日，沙特阿拉伯对多种食品和非食品产品征收更高的关税。在关税提高的 224 种食品和农产品中，奶制品约占 84％。美国对沙特阿拉伯的奶制品出口在 2019 年达到 8 000 万美元。沙特阿拉伯增加从美国进口奶制品的关税后，将对美国奶制品出口产生一定影响。

（2）沙特阿拉伯肉制品的产量依然较低，根据美国农业部预计，2020 年沙特阿拉伯牛肉产量为 6 万吨，与上年持平；鸡肉产量为 74 万吨，较上年增加 1.37％。肉类需求的近 1/3 依赖进口来满足，2020 年牛肉进口量为 12 万吨，鸡肉进口量为 57.5 万吨。各类肉制品中，鸡肉进口量最大，其中一半以上来自巴西，约 1/4 来自法国，而来自中国的为零，主要是因为沙特阿拉伯禁止了从中国进口禽肉。从 2001 年开始，沙特阿拉伯要求进口的禽肉必须做到：家禽在饲养时使用植物蛋白，不得添加激素，并按伊斯兰教法规定进行屠宰。从 2005 年 11 月 12 日开始，为防止引入禽流感，沙特阿拉伯政府禁止了活禽进口。除中国外，沙特阿拉伯还禁止从下列国家和地区进口活禽和禽产品：越南、泰国、马来西亚、印度尼西亚、柬埔寨、老挝、哈萨克斯坦、蒙古、日本、土耳其、罗马尼亚、韩国、巴基斯坦和俄罗斯。2018 年沙特阿拉伯肉类进口额达到 48 亿美元，主要的进口来源国为巴西（22.97％）、苏丹（10.10％）、阿联酋（8.30％）、新西兰（7.87％）。

第三节 农产品贸易政策及法律、法规

沙特阿拉伯实行自由贸易和低关税政策，与贸易相关的机构有：沙特阿拉伯工商部（负责贸易政策的制定和调整、企业注册、进出口商品检验检疫、进口商品许可审批等），沙特阿拉伯海关（负责进出口商品通关管理），沙特阿拉伯标准局（负责制定标准、进口商品认证等），沙特阿拉伯环境、水和农业部

（负责农产品进口管理、进口许可审批等），沙特阿拉伯工商会（代表有关部门管理、服务沙特阿拉伯私有企业），沙特阿拉伯食品药品监督管理局（唯一制定和执行食品法规和标准的沙特阿拉伯政府机构）。

沙特阿拉伯食品药品监督管理局（SFDA）出台的主要法规包括《沙特阿拉伯食品和动物饲料法》和《进口食品的要求和条件》，它也是对进口食品进行检查以确定其是否符合沙特阿拉伯和海湾阿拉伯国家合作委员会标准化组织（GSO）法规和标准的主要机构。所有食品、饮料等都必须遵守 SFDA 或 GSO 制定的法规和标准。在没有海合会和沙特阿拉伯颁布的法规和标准的情况下，SFDA 采用国际食品法典（Codex Alimentarius）或供应国标准，如欧盟等发达国家的标准。

SFDA 涉及食品贸易的主要有食品和运营两个部门：食品部门主要负责发布食品和动物饲料法规和标准；运营部门负责检查进口和国产食品和动物饲料产品是否符合现行 SFDA 或 GSO 法规和标准。运营部门的主要职责具体是：①在 SFDA 的 E-Service 门户上评估和登记进口食品和饲料；②在沙特阿拉伯入境口岸检查进口食品和饲料产品；③登记和检查那些向沙特阿拉伯出口的海鲜、畜禽肉；④签发食品出口卫生证书；⑤检查当地的食品和饲料工厂。

SFDA 是 GSO 最具影响力的成员，该组织由也门和 6 个海湾合作委员会国家（沙特阿拉伯、阿联酋、科威特、巴林、阿曼和卡塔尔）的国家标准机构组成。作为一个整体，GSO 的主要作用是创建一套通用的法规和标准。GSO 的食品标准委员会（FSC）负责起草所有新的食品法规和标准并更新现有法规。FSC 的主席由成员国轮流担任。所有 GSO 标准草案均提交给 GSO 董事会（BOD）进行审核和批准，该董事会由负责每个成员国标准化工作的部长组成，他们每年开会两次，讨论标准和其他相关问题。GSO 的法规和标准草案由 7 个成员国通知 WTO，并在 60 天之内公开征询公众意见。一旦新标准获得董事会批准，便会在各个成员国实施，大多数情况下是有自批准之日起 6 个月的执行宽限期。GSO 发布了两种管理食品和农产品的官方文件：

第一种是 GSO 技术规则。所有成员国均一致通过所有技术规则，以其取代现有的国家标准，并且所有成员国都必须执行。

第二种是 GSO 标准。GSO 标准大多数成员国赞同即可设立，各成员国自愿实施。GSO 标准通常基于食品法典，并在一定程度上借鉴欧洲和美国标准，然后根据当地的宗教、文化和气候条件而进行修改。

表 9 - 1 列出了向沙特阿拉伯出口时应考虑的主要 GSO 和沙特阿拉伯标准。

表 9 - 1   向沙特阿拉伯出口时应考虑的主要 GSO 和沙特阿拉伯标准

标准标题	标准号
干燥和罐头食品的储存设施条件	GSO 168
农业食品中农药残留的最大限量 第 2 部分	GSO 383
食用酪蛋白和酪蛋白酸盐	GSO 1374
允许在食品中使用的甜味剂	SASO 1548
允许在食品中使用的调味料	GSO 707
允许用于食品的添加剂	GSO 2500
预包装食品标签	GSO 9/2013
食品放射性污染限值标准与监测	GSO 988
用于食品销售或展示的冷藏柜 第 1 部分：总则	GSO 1686
预防和减少食品中铅污染的操作守则	GSO CAC RCP 56
食品包装 第 1 部分：一般要求	GSO 839
食品包装 第 2 部分：塑料包装一般要求	GSO 1863
铝箔食品包装	SASO - 2173
食品的有效期	GSO 150
食品进出口检验认证原则	GSO CAC/GL 20

注：以上标准是受版权保护的文档，可以登录 GSO 标准商店的网站购买：https：//www.gso.org.sa/store。

沙特阿拉伯进口报关须知：

（1）沙特阿拉伯对所有进口食品和饲料产品均实施预注册和电子通关的强制性要求。进口食品的注册是当地进口商或代理商的责任，每个进口商或代理商都必须在 SFDA 进口食品控制（EDIFC）电子服务执行部门创建电子账户并设置个人用户名和密码。在网址 https：//frcs.sfda.gov.sa/Login.aspx 创建电子账户后，进口商可以上传其食品信息，包括统一代码（HS 代码）、条形码、物品代码、产品图片、产品标签以及列出英语和阿拉伯语的食品成分等。

（2）产品标签必须包含 GSO 法规编号 GSO 9/2013《预包装食品标签》要求的所有信息。进口商还必须登记其仓库地址，并向 SFDA 提供联系信息。

（3）在 SFDA 进行电子注册是免费的，注册没有有效期。但是，如果产品配方或标签有变化，则进口商需要重新注册其产品。注册过程较简单。在展览中展出的样品不受沙特阿拉伯标签和保质期规定的限制，但须在入境口岸接受检查，样品必须包含商业发票，注明产品不出售，没有商业价值。

（4）SFDA 的运营部门使用国家动物饲料注册中心（AFNR）电子系统来登记和批准国内饲料进口商和生产商的交易。每个国内饲料进口商和生产商都必须在 AFNR 开立个人电子账户，并注册所有进口饲料原料成分，以便在货品到达沙特阿拉伯口岸时获得进口许可证和产品电子清关入境编码。

（5）SFDA 允许外国饲料生产商自愿注册其打算出口到沙特阿拉伯的设施和饲料产品。AFNR 注册网址：https：//www. sfda. gov. sa/en/food/eser-vices/Pages/ESAFCEN. aspx。

（6）向沙特阿拉伯出口食品、海鲜和饲料产品的外国企业自愿进行注册，没有注册截止日期。外国企业在 SFDA 创建个人电子账户（E‐Account），注册网址：https：//www. sfda. gov. sa/en/food/about/administration/mangement_food/Pages/EDOIFC‐ES. aspx。

（7）通过国际贸易进口到沙特阿拉伯的货物需要以下清关文件：商业发票、原产地证书、空运或者海运提单、担保证书（如果按 CIF[①] 价格销售）、沙特阿拉伯标准组织 SASO 合规证书（如果适用）。

对于从中国进口的清真肉类或其他食品，必须由中国伊斯兰教协会签发统一的出口清真食品证明（哈拉证书）。进口肉类和肉类产品随附的健康证明中需要说明屠宰场获得 HACCP（危害分析和关键控制点系统）认证。上述文件和证明加盖中国国际贸易促进委员会的印章后方可办理领事认证。

---

① CIF 即成本费加保险费加运费。

第十章 CHAPTER 10
沙特阿拉伯农业的国际合作与海外投资 ▶▶▶

沙特阿拉伯是世界能源生产大国，虽然农业总产值不断提高，但农业在国民经济中比重较小，并逐渐下降。据世界银行数据统计，2010年沙特阿拉伯农业总产值为139.46亿美元，仅占当年GDP的2.64％，2019年农业总产值达到177.1亿美元，占GDP的比例下降至2.23％。2020年有所上升，达到179.41亿美元，占当年GDP的2.56％。农业、畜牧业和渔业仅贡献了沙特阿拉伯4％的就业岗位。但沙特阿拉伯农业具有自身特点，沙漠农业发展水平曾一度领先于其他沙漠国家。

沙特阿拉伯重视与美国、欧洲国家、中国、韩国等农业技术较高的国家开展农业合作，引进了大量的先进农业技术、设备和人才。近年来，沙特阿拉伯侧重在有机农业、可持续农业方面加大投入力度，注重在发展农业的同时保护自然环境。为此，沙特阿拉伯加强与农业技术领先的国家和地区开展合作，为其粮食安全目标实现增添动力。

第一节　国际合作

如前文所述，20世纪90年代初期，沙特阿拉伯的种植业、畜牧业规模拓展达到巅峰，淡水危机逐渐显现，部分地区水位下降高达一百多米，地下含水层几近枯竭，越来越多的水井干枯，沙特阿拉伯政府开始正视即将到来的淡水危机。

面对日益高昂的农业生产价格，以及水资源的日益枯竭，沙特阿拉伯不得不调整农业发展方向，开始将部分农业产业转移到其他国家和地区发展，如美国、加拿大、阿根廷、印度尼西亚、泰国和非洲一些国家等。这样就可以利用他国富余的土地资源发展本国农业，从某种意义上说，沙特阿拉伯的这种做法比直接进口更加有利于缓解粮食安全危机。在农业贸易方面，鉴于国内农产品品种和产量有限，沙特阿拉伯每年大量进口农产品以满足国内需求。从农产品出口看，根据世界综合贸易解决方案（WITS）官网数据，沙特阿拉伯2010年农产品出口额为30.28亿美元，2018年农产品出口额升至36.74亿美元。主要出口产品是果汁、谷物和奶制品。椰枣是沙特阿拉伯传统出口产品，但出口额和出口量波动显著。农产品出口主要目标市场是阿拉伯国家，特别是海合会成员国。

近年来，受石油价格低位徘徊影响，沙特阿拉伯自2015年起账户经常从盈余转为赤字，对农业发展和农产品进口贸易产生一定影响。

一、与联合国粮农机构的农业合作

沙特阿拉伯作为地区大国和重要的发展中国家，积极参与国际粮农治理，与联合国粮食及农业组织（FAO，以下简称"粮农组织"）、世界粮食计划署（WFP，以下简称"世粮署"）和国际农业发展基金（IFAD，以下简称"农发基金"）三家联合国粮农机构开展了务实合作，支持联合国在国际事务中发挥核心作用，支持《2030年可持续发展议程》的实施，并为三家机构提供了大量发展资金，同时，借助三家机构的资源、知识、技术和人才优势为本国发展规划提供支持。

（一）与粮农组织的合作

沙特阿拉伯和粮农组织的合作已有60多年历史，双方签署的技术合作协议涵盖了粮食安全、农业和农村发展的全部领域。一项独立评估证实，在过去十年中，沙特阿拉伯和粮农组织的合作取得了显著的成效和丰硕的成果。

粮农组织重视将自身的专业知识与沙特阿拉伯的发展重点相结合，曾与沙特阿拉伯环境、水和农业部共同制定《2017—2018年国家计划》，为对沙特阿拉伯提供援助提供了战略指导。粮农组织对沙特阿拉伯的技术援助侧重于以下领域的综合能力建设：

（1）可持续地维护粮食和营养安全；

（2）自然资源的可持续利用；

（3）海洋捕捞和水产养殖业的可持续发展；

（4）预防和控制动物疾病；

（5）工厂的可持续生产；

（6）加强小型农业生产者与市场的联系。

（二）与粮农组织合作的聚焦点

1. 建立战略合作伙伴关系和创新技术援助模式

沙特阿拉伯虽然是一个粮食供给相对安全的国家，但其整体粮食安全形势却不容乐观。沙特阿拉伯粮食安全面临的主要风险包括：农业自然资源有限，难以确保充足的国内农业生产；粮食高度依赖进口；低效的粮食消费补贴；粮食贸易和进口促进政策失效；较高的粮食损失率和浪费率。

为了应对上述风险，沙特阿拉伯环境、水和农业部与粮农组织共同提出必须要制定相关粮食和营养安全国家战略。沙特阿拉伯于 2017 年完成了粮食安全国家战略的制定，粮农组织为该战略的实施提出了相关支持方案。此外，粮农组织还为沙特阿拉伯在"2020 年国家转型计划"框架内制定可持续的粮食安全国家战略提供了支持。

考虑到沙特阿拉伯进行国家转型和快速变化的发展环境，粮农组织开发了一种创新模式，与沙特阿拉伯建立战略伙伴关系并在国家层面为其提供技术和咨询帮助。该模式的主要内容：

（1）粮农组织侧重对"2020 年国家转型计划"和"沙特阿拉伯 2030 愿景"的实施提供直接的技术援助；

（2）粮农组织将重点支持具有比较优势、能够确保取得高质量成果的事项；

（3）粮农组织将协助和支持沙特阿拉伯实施相关战略举措；

（4）粮农组织侧重对那些有发展潜力、可以快速取得成功的领域和地区提供支持；

（5）粮农组织对干预措施进行试点，同时进行评估和改进，在实践证明成功后再扩大规模，这也有助于把握未来的政策方向。

2. 优先加强粮食可持续安全能力建设

目前，粮农组织正在与沙特阿拉伯环境、水和农业部，沙特阿拉伯粮食管理局和农业发展基金密切合作，以增强沙特阿拉伯粮食可持续安全能力建设。其主要内容为：

（1）制定有效的战略粮食储备计划；

（2）建设有效的粮食安全预警系统；

（3）制定可行的国家粮食损失与浪费减少计划；

（4）制定可靠的沙特阿拉伯海外农业投资计划。

3. 促进海洋捕捞和水产养殖可持续发展

由于近年来国际原油价格大幅下跌，沙特阿拉伯将经济和生产基础的多样化作为优先考虑事项。水产养殖在"沙特阿拉伯 2030 愿景"中被确认为保障粮食生产、就业和经济长期发展的最有希望的领域之一。为此，粮农组织与沙特阿拉伯环境、水和农业部协调行动，共同促进水产养殖的可持续发展，并在提高安全性的同时增加该行业对国民经济的贡献。

沙特阿拉伯和粮农组织还设计了一个次级方案，旨在增强相关领域的国家能力，构建了下列框架和计划：

（1）制定采取恰当捕捞技术并维护生态系统稳定的渔业管理框架；

（2）促进沙特阿拉伯捕鱼活动合法扩展到领海之外；

（3）制定国家水生动物卫生战略（NAAHS）及具体行动计划；

（4）制定用于商业鱼类水产养殖的疫苗生产战略和行动计划；

（5）引进和采用高价值水产养殖鱼种；

（6）改进水产养殖饲养程序，以提高饵料转化率及养殖物成活率；

（7）制定促进鱼类和海鲜消费的战略和行动计划。

4. 增强近东和北非粮食安全和营养系统的韧性

沙特阿拉伯已被选为粮农组织"增强近东和北非粮食安全和营养系统的韧性"区域倡议的重点国家。该倡议旨在强化相关机构能力、市场和生产系统，以应对危机和威胁。

该倡议包括 4 个重点领域：一是加强在国家和区域两级制定一致的政策框架和投资方案的能力；二是发展可靠的循证粮食安全信息系统，并促进知识交流，以确保做出有效的决策；三是促进发展有效和可持续的粮食安全系统，关注减少粮食损失和浪费；四是增加家庭、社区和农业生态系统的韧性，以提高其预测、抗击人为和自然灾害打击的能力。

（三）与世粮署的合作

世粮署每年为 80 多个国家的 8 670 万人提供援助，是挽救生命、改善人们生活、在紧急情况下提供粮食援助，并与社区合作提升人们营养水平的人道主义组织。沙特阿拉伯作为世粮署成员国和重要捐资国，已连续四次赢得世粮署执行局席位，此届任期至 2023 年。

1. 承担的国际义务

据全球政策论坛（Global Policy Forum）网站数据，从 1974 年至 1985 年，沙特阿拉伯几乎每年都进入世粮署捐款最多的前十个成员国之列（1975—1978 年还曾一度名列第一），累计捐款超过 2 亿美元。之后沙特阿拉伯捐款排名被欧美国家赶超，从 2014 年开始，再次进入前十名之列。

2019 年 12 月 4 日，沙特阿拉伯代表在出席于罗马召开的世粮署执行局例会时表示，沙特阿拉伯将继续支持世粮署和其他联合国机构，对脆弱的国家和人民履行人道主义职责。

据沙特阿拉伯常驻粮农组织代表提供的数据，沙特阿拉伯已在人道主义、慈善等领域向 124 个国家提供了超过 930 亿美元的援助。沙特阿拉伯在人道主义援助中发挥着领导作用，沙特阿拉伯萨勒曼国王人道主义援助和救济中心（KSRelief）与世粮署始终保持着良好的伙伴关系并取得了丰硕的成果。沙特阿拉伯拥有很多技术专长，可与世粮署开展广泛合作，而不仅仅是发挥捐助者的作用。

2. 对世粮署的支持和提供的人道主义援助

据世粮署网站数据，2016 年世粮署面临的资金缺口为 1 480 万美元，占当年向西撒哈拉难民提供粮食援助（当地难民几乎完全依靠人道主义援助）所需资金的 68%。

2020 年 7 月，粮农组织、国际农业发展基金、联合国儿童基金会、世粮署和世界卫生组织共同发布了 2020 年度《世界粮食安全与营养状况》报告：全球将近 1/9 的人处于饥饿状态，新冠肺炎疫情正在加剧这一趋势。经济增长放缓及气候变化导致的危机正在使更多人陷入饥饿，营养食品的高价格也导致成年人和儿童的营养不良和肥胖率不断上升。该报告显示，全球饥饿人口数量经过数十年的下降后，自 2014 年又开始缓慢增加。目前，全球将近 6.9 亿人处于饥饿状态，占全球人口的 8.9%。研究发现，2019 年该数字增加了 1 000 万，而在 2015—2019 年的五年间共增加了 6 000 万。如照此趋势发展，联合国数年前设定的到 2030 年消除饥饿的可持续发展目标将难以实现。预计届时，全球可能会有超过 8.9 亿人处于饥饿状态，占世界人口的 9.8%。

世粮署执行干事表示，为了应对新冠肺炎疫情影响、预防最坏的情况发生，世粮署正在扩大援助规模，计划向 1.38 亿人提供粮食援助，这一规模是前所未有的。为此，世粮署将付出 49 亿美元，并将向最有风险的国家另外拨款 5 亿美元以防止暴发饥荒。如果不能够得到紧急援助，这些高风险国家的严重粮食不安全人口将从新冠肺炎疫情暴发前的 1.49 亿增加到 2.7 亿。2020 年世粮署的预测表明，由于与新冠肺炎疫情有关的基本卫生和营养服务中断，未来一段时间每天将有多达 6 000 名儿童死亡。为此，世粮署发起联合国历史上数额最大的总计 100 亿美元的紧急资金捐助行动。

沙特阿拉伯是世粮署的重要合作伙伴，在过去十多年中捐款超过 10 亿美元。2011 年以来，沙特阿拉伯通过世粮署向西撒哈拉难民提供的捐助总价值已超过 300 万美元。

2016 年，沙特阿拉伯国王萨勒曼国王人道主义援助和救济中心向世粮署捐款 1 200 万美元，以支持该机构在叙利亚、巴勒斯坦和埃塞俄比亚的人道主义行动。捐款中的 1 000 万美元用于向叙利亚的 120 万人提供三个月的食品；100 万美元用于向加沙地带的 2 万人提供电子代金券用于购买食品；另外 100 万美元用于向埃塞俄比亚受干旱影响的 12.7 万最脆弱人群提供一个月的口粮。

2018 年 10 月，沙特阿拉伯和阿联酋向也门提供总额为 5 亿美元的额外支持，以弥补也门的人道主义需求缺口。据世粮署称，这笔资金将用于向 1 000 万～1 200 万严重饥饿的人们，包括 200 万儿童提供粮食援助。2019 年 5 月，沙特阿拉伯通过世粮署再次向也门提供 2.4 亿美元捐款，用于为当地 2 000 万脆弱人群购买食品。

（四）与农发基金的合作

农发基金成立于 1977 年，沙特阿拉伯在其成立时发挥了重要作用，并且在过去 40 年中一直是该基金的主要支持者。阿拉伯海湾国家为农发基金初始资金及其第一次和第二次增资提供了约 20% 的资金。沙特阿拉伯是农发基金的主要捐助国，农发基金 2019 年的一份报告显示，沙特阿拉伯对其核心捐款为 4.8 亿美元，补充捐款为 3 000 多万美元，约占阿拉伯官方发展援助总额的 2/3。另外，沙特阿拉伯 1978—2019 年还向农发基金提供了合作项目资金和其他补充捐资共计 341.4 万美元。因此，沙特阿拉伯在农发基金的治理中具有很强的话语权。

农发基金 2019 年 12 月在海湾地区成立了首个联络处，办公地点就设在沙特阿拉伯首都利雅得，将在加强农发基金与海合会成员国、相关机构、私人企业、基金会和研究中心的伙伴关系中发挥领导作用。

农发基金总裁在该联络处揭牌仪式上表示，阿拉伯海湾国家在农发基金建立时发挥了重要作用，并在随后的 40 多年中一直对该组织提供坚定支持。该联络处的设立将加强农发基金与沙特阿拉伯的合作，以消除发展中国家的极端贫困和饥饿，并最大限度地利用农发基金的技术专长来支持该地区粮食可持续安全。沙特阿拉伯环境、水和农业部长与沙特阿拉伯农业发展基金主任等政府代表出席了该联络处落成典礼。

联络处将在促进和加强农发基金与其成员科威特、阿曼、卡塔尔、沙特阿拉伯和阿联酋等阿拉伯海湾国家之间的关系方面发挥至关重要的作用，并将提高人们对于支持小农发展以减少饥饿和贫困的重要性的认识。

该联络处还将促进知识共享和区域计划的实施，包括研究技术援助（RTA），以帮助海湾国家解决其自身的粮食安全问题。农发基金在沙特阿拉伯贾赞地区的第一个技术援助项目，是通过培训 3 万名农民来促进当地咖啡和芒果的生产。

沙特阿拉伯对农发基金的支持有助于发展中国家消除贫困和提高自身发展能力。海湾国家对阿拉伯世界的农业发展非常感兴趣，许多金融机构与农发基金合作共同融资投入相关领域。农发基金不仅是沙特阿拉伯向发展中国家农业输送资源的渠道，还是海湾国家发挥关键作用的全球农业和粮食安全平台。

联合国的《2030 年可持续发展议程》，目标是在 2030 年前以可持续的方式消除全球贫困和饥饿并克服不平等。正如农发基金《2016 年农村发展报告》强调的那样，实现《2030 年可持续发展议程》将需要通过农业经济转型等方式对粮食系统进行深刻变革。农发基金是唯一专门致力于通过农业和农村发展减少农村地区贫困和缓解粮食不安全状况的联合国专门机构和国际金融机构。沙特阿拉伯为农发基金第十轮补充捐款（IFAD10，2016—2018 年）提供了 2 300 万美元资金。农发基金期待沙特阿拉伯能够在其第十一轮补充捐款（IFAD11，2019—2021 年）中发挥更大作用，以帮助世界上最贫困人群脱贫。

农发基金一直在与伊斯兰合作组织（OIC）成员国合作，以减少贫困，提高农业生产率并促进发展中国家农村地区经济可持续增长。农发基金支持的方案和项目中约有 47% 是在伊斯兰合作组织成员国中进行的。农发基金近一半的资源已投入伊斯兰合作组织成员国，以促进其经济增长，从而帮助其改善农村贫困人口，尤其是弱势群体（如妇女）的生活。

青年失业率高是阿拉伯国家面临的最大挑战之一。目前，全球年轻人口（即15～24岁人口）估计为12亿，这是有史以来的最大值。据预测，仅撒哈拉以南非洲地区的青年人口，到2035年将比2010年的1.5亿增加一倍以上，达到3.5亿。农发基金的战略重点是年轻人和农村就业。例如，在摩洛哥，由农发基金支持的几个项目已经在培训农村青年的农业生产和加工技能，涉及领域包括畜牧业、养蜂业和树木种植业。由于这项创新性的努力，农村青年向城市地区和其他国家的迁移减少了，许多年轻人从城市返回农村地区，以从农发基金支持的项目中受益。沙特阿拉伯对IFAD11的捐款将支持该基金利用农村青年人的潜力来实现农村转型，可预见地，这在未来至关重要。

（五）担任G20主席国并主办农业部长特别会议

从2019年12月1日起，沙特阿拉伯正式开始担任二十国集团（G20）主席国，任期一直持续到2020年底。沙特阿拉伯处于亚非欧三大洲的中间区域，对促进全球各国就诸多国际问题达成共识拥有独特的机会和条件，通过主办G20会议，沙特阿拉伯在中东和北非地区的战略地位将得到提高。

在担任G20主席国期间，沙特阿拉伯将专注"抓住机遇"的总体目标，围绕这三个主题重点发力：赋予人权力，创造条件使所有人，特别是妇女和青年人，都能有良好的生活、工作环境；保护地球，促进各国在粮食和水安全、应对气候变化、能源和环保方面加强合作；开拓视野，采取长期战略，使各国分享创新和技术进步的福利。

2020年4月21日，G20农业部长应对新冠肺炎特别视频会议召开。会议由G20主席国沙特阿拉伯环境、水和农业部部长主持，G20成员和特邀国农业部部长、联合国粮农组织等涉农国际组织负责人出席会议。会议围绕控制新冠肺炎疫情对农业供应链和粮食安全的影响展开讨论。在新冠肺炎疫情扩散导致全球经济活动踩下急刹车的背景下，各国一致认为，粮食贸易顺利持续进行非常重要，同时对部分国家限制粮食出口的举动表示担忧。

会上，中方表示，将坚决贯彻习近平主席在G20领导人特别峰会上的重要讲话精神，与各方一道共同抗御新冠肺炎疫情，共同维护世界粮食安全。中方农业部部长指出，这次全球抗疫再一次证明了两条带有真理性的结论：其一，人类是命运共同体，越是在灾难面前，越应同舟共济；其二，农业是稳定经济社会的压舱石，越是面对风险，越要稳住农业。中国政府将始终把农业作为重中之重，统筹疫情防控和农业生产，继续实施强农惠农富农政策，全力夺取全年粮食和农业丰收。

中方强调，G20 作为全球重要的引领力量，应携手维护国际农产品供应链稳定和粮食安全。对此，中方提出三点倡议：一是抓好农业生产，努力恢复农业生产秩序，尤其是北半球应不误农时，保障农作物顺利播种，希望全球 2020 年有一个好收成；二是稳定农产品贸易，减少贸易限制，畅通粮食和重要农产品国际物流，维护农产品贸易秩序和市场稳定；三是加强多边合作，支持联合国粮农组织、世粮署、农发基金等国际组织发挥作用，加强农业生产信息共享、经验交流、技术合作、政策协同，共同为全球抗疫作出农业应有的贡献。

与会官员一致认为，在新冠肺炎疫情背景下采取的紧急措施必须有针对性、适当性、透明性和临时性，不会造成不必要的贸易壁垒或破坏全球粮食供应链，同时符合世界贸易组织规则。与会者认识到私营部门在粮食系统中发挥的关键作用，呼吁加强公共部门和私营部门之间的合作，以帮助动员各方迅速采取创新措施，应对新冠肺炎疫情对农业的影响。

会后发表了《二十国集团农业部长应对新冠肺炎特别会议声明》。《声明》指出，"不合理的出口限制将导致价格过度波动，威胁食品安全"，要求各国不要切断全球性的食品供应链。

G20 主席国沙特阿拉伯的环境、水和农业部部长强调，将继续与各国合作，确保粮食供应链发挥作用。

二、与其他国家的农业合作

沙特阿拉伯的农业发展离不开国际合作，无论是在政府立足于使本国农业达到自给自足的 20 世纪 90 年代，还是跨入 21 世纪后，逐步采取海外租地方式发展农业生产、保护国内自然环境的可持续农业发展时期，农业国际合作都是沙特阿拉伯解决粮食安全问题的重要途径和支撑。以下简要介绍沙特阿拉伯与美国、俄罗斯等世界主要农业大国的农业合作情况。

据不完全统计，沙特阿拉伯每年从世界各国进口近 200 亿美元的食品。以 2018 年为例，沙特阿拉伯包括粮食、蔬菜在内的各类农产品进口额为 199.16 亿美元。在主要进口国中，进口额排名前 5 位的分别为巴西（18.31 亿美元）、印度（16.89 亿美元）、美国（15.88 亿美元）、阿联酋（13.31 亿美元）和土耳其（7.75 亿美元）；沙特阿拉伯蔬菜进口额排名前 5 位的进口国分别为印度（13.58 亿美元）、美国（11.53 亿美元）、阿根廷（4.14 亿美元）、埃及（3.55 亿美元）和俄罗斯（3.32 亿美元）。沙特阿拉伯畜牧产品出口额排名前 5 位的出口国分别为阿联酋（4.36 亿美元）、科威特（2.82 亿美元）、巴林（1.69 亿美元）、阿曼（1.55 亿美元）和中国（1.31 亿美元）。

（一）与美国的农业合作

1931 年，美国和沙特阿拉伯建立了全面的外交关系，并于 1940 年首次在吉达派驻美国大使。美国与沙特阿拉伯在文化和教育领域交流很多，每年约有 5.5 万名沙特阿拉伯学生在美国的大学学习，并且有数十名教育和文化交流的访问学者，其中包括部分农业领域的留学生和访问学者。

沙特阿拉伯是海合会中最大的食品和农产品进口国。联合国贸易数据显示，2018 年沙特阿拉伯从美国进口农产品和食品达 16.72 亿美元，较 2017 年的 17.67 亿美元减少了约 5.38%。据美国农业部海外农业局网站数据，2019 年美国对沙特阿拉伯出口农产品为 13 亿美元，较上年减少约 22.25%，沙特阿拉伯排在美国出口市场的第 19 位。2019 年沙特阿拉伯从美国进口小麦价值 595.6 万美元，较上年的 1 482.1 万美元减少了 59.81%；2019 年从美国进口水稻价值 9 801 万美元，较上年的 7 321.5 万美元增加了 33.87%，2020 年 1—5 月从美国进口水稻金额达 3 707.8 万美元，较上年同期的 3 771.6 万美元减少约 1.69%；2019 年从美国进口玉米价值 1.1 亿美元，较上年的 2.97 亿美元减少了 62.96%，2020 年 1—5 月从美国进口玉米金额达 7 981.4 万美元，较上年同期的 5 176 万美元增加了 54.2%。从以上数据可以看出，近年来沙特阿拉伯从美国进口小麦、水稻、玉米等主要农产品数量总体呈下降趋势，这一下降主要是由于沙特阿拉伯本国企业在海外的种植基地所生产的谷物，在政府的各种补贴下更具竞争力。但与沙特阿拉伯本地生产或从其他国家进口的食品相比，美国食品通常被认为符合更高的质量标准。

另外，随着沙特阿拉伯可持续农业政策的实施，其越来越重视在海外生产动物饲料，以节省本国领土内的水资源。2014 年，沙特阿拉伯食品巨头阿尔马拉（Almarai）公司以约 4 800 万美元的价格在美国亚利桑那州购置了 0.4 万公顷农田，其分公司方多蒙特（Fondomonte）在美国加利福尼亚州科罗拉多河沿岸的一个农业小镇又以近 3 200 万美元的价格购买了 724 公顷农田，并利用这两处农田种植紫花苜蓿草，经过加工打捆后运回国内作为奶牛饲料。沙特阿拉伯还将继续购置能够种植优质苜蓿草的土地，这符合沙特阿拉伯农业可持续发展目标。

（二）与俄罗斯的农业合作

俄罗斯是世界上最大的小麦出口国，长期以来一直在寻求进入沙特阿拉伯的小麦市场，试图从欧盟和美国手中夺取中东和北非小麦市场的更多份额。2018 年沙特阿拉伯开始从俄罗斯进口各类农产品及食品，金额达 3.8 亿美元，其中粮食进口额为 0.42 亿美元，而从美国进口的粮食数额为 4.27 亿美元，是俄罗斯的 10 倍多。

2019 年 9 月，俄罗斯联邦农业部部长率领包括俄罗斯主要谷物、肉类和奶制品公司在内的商务代表团访问沙特阿拉伯，分别与俄罗斯-沙特阿拉伯政府间委员会共同主席以及沙特阿拉伯环境、水和农业部长举行会谈，双方讨论了俄罗斯向沙特阿拉伯市场增加农产品供应的前景。在与沙特阿拉伯能源部部长会晤时，俄方表示，沙特阿拉伯是阿拉伯海湾国家中第一大粮食和食品消费国，俄罗斯将尽一切努力扩大在这一市场中的份额。截至 2018 年底，农产品贸易已占两国双边贸易总额（5 亿美元）的一半左右。俄罗斯希望进一步增加向沙特阿拉伯出口小麦、面粉、禽肉、蜂蜜、牛奶等农产品数量，力争到 2024 年，俄罗斯对沙特阿拉伯的农产品出口额超过 20 亿美元。

俄方强调，农业是两国间互动的关键领域之一，拥有广阔的发展机会。俄罗斯也需要来自沙特阿拉伯的投资合作。俄罗斯联邦农业部准备向愿意参加俄罗斯农业生产项目的沙特阿拉伯商人提供支持。两国企业间合作意愿强烈，具有较大的农业合作潜力和空间。

第二节　海外农业投资行动计划

一、海外农业投资政策制定

在海外农业投资方面，沙特阿拉伯制定了周密、切实可行的行动计划。行动计划以国王的名字命名，意在表明农业海外投资行动得到政府的大力支持。不仅如此，从行动计划中可以看出，政府实际上扮演着落实行动计划第一责任人的角色。为落实行动计划提出的战略目标，政府设立了专门的管理和实施机构，建立了30亿沙特里亚尔的投资基金，成立了管理运作专项基金的国有化管理公司，负责审查私人投资者提出的投资项目，评估其投资潜力，确定政府对该项投资的参与或支持方式。

政府的参与一般有两种方式。第一种：政府如果认为项目可行，就会直接投资入股，或与该私人公司签订粮食包销承购协议。第二种：政府建立的产业发展基金（SIDF），向愿意投资海外农业项目的本国私人企业提供信贷担保。除此之外，沙特阿拉伯政府将与被确定为投资目标的国家政府进行战略沟通，签订双边合作协议。在投资遭到海外媒体误解和中伤时，政府不回避，摆事实讲道理，争取世界舆论的支持。但是在具体的投资决策上，政府从不干预，完全是私人投资公司自己的事。这样的安排既解除了投资企业的后顾之忧，增强了投资者的信心，又给予私人投资者充分的自主权。

二、海外农业投资发展理念

互惠互利、可持续发展理念是沙特阿拉伯对海外农业投资提出的一项基本原则。沙方认为，为实现长期可持续，投资必须是互利互惠的；在与外国政府进行农业投资合作时，要充分考虑对方的需求。比如，在与越南探讨合作时，沙特阿拉伯承诺为越南提供能源安全保障，以换取越南对沙特阿拉伯实现粮食安全的支持。尽管推动海外投资的初衷是着眼于本国的粮食安全，要求投资者将利用政府的优惠政策在海外生产的粮食返销回国，但实际运营中，沙特阿拉伯十分尊重东道国当地的利益，在特殊情况下，可特别处理，一般对返销粮的比例只要求不低于50%。为了可持续投资，沙特阿拉伯还要求其投资者注重保护当地自然环境；为实现长期投资的稳定，沙特阿拉伯私人企业在投资目的地国劳工薪资报酬方面也比较慷慨。比如沙特之星公司在埃塞俄比亚甘贝拉州投资生产大米，付给当地劳工的工资是每天50埃塞俄比亚比尔，远高于当地10～20埃塞俄比亚比尔的市场价水平。

三、海外投资风险控制

投资海外农业是一项十分复杂的行动，有多重风险，包括政治、经济、法律、经营的风险。沙特阿拉伯的投资大部分集中在地理上邻近、农业资源丰富、农业投资欠缺、农业生产力低下的非洲国家，这样风险更是不可避免。最常见的是与东道国法规相冲突、中央政府与地方政府决策不一致、法律在实践中与文本不一致等。针对诸多风险，沙特阿拉伯进行了周密的制度设计。投资前，政府首先与目标国政府谈判，确定各利益相关方的权利义务。设立咨询机构，专门负责与国际组织和东道国咨询机构联系和沟通，以求得理解、支持和帮助。

四、学习借鉴他国成功经验

沙特阿拉伯海外农业投资行动计划的实施，主要集中在农业资源丰富，但资金和技术不足的国家。不过，随着投资的推进，沙特阿拉伯投资者也开始转向美国等农业发达国家。2010 年 4 月，在美国和沙特阿拉伯举行的工商论坛上，沙方官员表示，本国投资者正在研究扩大在美国的农业投资，这方面可以借鉴日本的经验。

五、海外农业投资六项原则

（1）实施海外农业投资项目的单位必须是民营企业，政府只做财务投资；

（2）实施海外农业投资计划的机构设置跨国经营主体；

（3）海外农业投资均属长期可持续项目；

（4）投资者有权自行选择种植作物的品种；

（5）投资者有权出口所生产的粮食（部分产品可以留给当地，但出口比例不得低于 50％）；

（6）投资生产的产品必须是粮食作物。

六、海外农业投资目的地选择六项标准

（1）土地、水、劳动力等资源状况适宜农业发展；

（2）具有稳定的政治、经济和社会环境；

（3）具有自由的市场环境氛围；

（4）具有吸引外资的法律法规及优惠政策，且决策程序透明；

（5）具有一定的基础设施；

（6）与沙特阿拉伯关系良好。

七、海外农业投资实施五大步骤

（1）研究确定沙特阿拉伯对基本农产品的需求，包括近期和远期的需求；

（2）研究确定基本食品的储备清单；

（3）建立政府控股公司；

（4）与被投资国政府签署双边协议，明确各相关方的权利与义务；

（5）确定政府和投资者之间的合作模式，如委托经营、承购或包销等。

八、海外农业投资管理制度

为实施海外农业投资行动计划，沙特阿拉伯特别设置了一整套行政管理机构，分为 4 个层级：最高级别的机构是部长级委员会，其下设指导委员会，再下是技术委员会，技术委员会下设 7 个行政办公室，分别主管国别政策法规程序、战略储备、基本食品需求、农业公司、双边协议、金融、信贷等。

根据沙特阿拉伯海外农业投资行动计划，最初选定了 12 类投资的产品，包括小麦、大米、大麦、玉米、高粱、大豆、小米、糖、柚子、青饲料、活畜、水产品等；目标国家包括苏丹、埃及、埃塞俄比亚、土耳其、乌克兰、哈萨克斯坦、菲律宾、越南、巴西等有农业资源潜力的国家。为避免误解，沙特阿拉伯对这项计划作了一些澄清：

（1）海外农业投资是对国内农业的补充而不是替代；

（2）该行动计划得到政府的大力支持；

（3）该行动计划具有人道主义精神，不含政治目的；

（4）沙特阿拉伯海外投资是一种负责任的国际投资，将按照良好的规范进行，维护各相关方利益，包括保护当地环境；

（5）海外农业投资须借鉴日本、欧盟等国家和地区的成功经验；

（6）海外农业投资形式灵活多样，沙方并不寻求完全独资或控股，适用合资、海外订单农业、外包种植、创建地区粮食战略储备基地等多种形式。

沙特阿拉伯对此计划的成功实施充满信心，他们相信，此计划在政治上得到高度重视和支持，民营投资者有这方面的知识和技能，国家有足够的资本和技术，该计划具有人道主义精神，而且投资目标国对通过外国直接投资发展国家经济有信心。

第三节　海外农业投资合作状况

为缓解国内淡水危机并解决粮食安全问题，沙特阿拉伯将海外农业投资作为实现农业可持续发展的重要途径。虽然沙特阿拉伯的海外农业投资计划以开国国王名字命名，但该计划刻意淡化政府背景，强调通过鼓励私营企业实施海外农业投资来保证小麦、稻米、玉米、大豆和苜蓿的供应。政府的作用主要体现在通过与农场所在国签订双边农业合作协议，来为本国农业海外投资提供协调、推动等保障服务，确定多少粮食能回流到沙特阿拉伯等细节。政府还设立了一个资本额8亿美元的基金，为海外农业投资公司提供必要的财政支持，通过海外投资，帮助农场所在国发展和完善农业基础设施建设。

一、海外农业投资成果

沙特阿拉伯自2009年开始大规模开展海外农业投资行动计划后，在政府的支持下，其海外农业投资出现了规模化、商业化、资本化特征。根据粮农组织的数据，截至2011年底，沙特阿拉伯在海外已谈成的较大规模的农业投资置地项目14个，已获得的农业耕地76.55万公顷，这些项目分布在9个国家，已获得的耕地65.7%在非洲，27.7%在南美洲，6.5%在亚洲。另外还有4个在谈项目，分别在马里、塞内加尔、巴基斯坦和俄罗斯，预期获得土地31.74万公顷。沙特阿拉伯的上述投资主要是由私人公司进行的，这些公司既有传统的农业公司也有金融公司，还有专门为进行海外投资成立的合资企业。金融公司的表现很突出，在全部海外农业投资项目中，金融公司的项目占1/3。虽然这些私人公司目前所获得的土地并不多，但计划雄心勃勃，如一些国际投资公司在非洲实施的"7×7"计划。该计划是总部设在沙特阿拉伯的一些投资公司，如伊斯兰开发银行、伊斯兰开发公司等2009年拟定的庞大的海外农业投资计划，目标是投资10亿美元，在塞内加尔、马里、苏丹、乌干达开发70万公顷土地，在 7 年之内生产 700 万吨大米。

二、海外农业投资龙头公司

沙特阿拉伯农业和畜牧业投资公司（Saudi Agricultural and Livestock Investment Company，简称"SALIC"）和沙特阿拉伯农业发展基金（Agricultural Development Fund）作为农业龙头企业，在投资沙特阿拉伯本地和海外粮食计划中均发挥着关键作用。

SALIC 公司成立于 2009 年，旨在通过提高生产能力和增加外国投资来确保沙特阿拉伯的粮食供应。该公司是沙特阿拉伯主权财富基金公共投资基金的分支机构，致力于促进沙特阿拉伯实现粮食安全，确保对农业生产、牲畜和供应链进行战略投资。2015 年 SALIC 公司与美国粮商邦吉公司（Bunge）成立了一家合资企业，与加拿大、乌克兰、巴西、澳大利亚、印度等国开展农业合作。该公司进口农产品的 75% 主要由 12 种食品组成，包括小麦、大麦、玉米、大豆、大米、糖、食用油、绿色饲料、红肉、水产品、奶制品和家禽（表 10-1）。2019 年 4 月，西澳大利亚州东部小麦带的 20 万公顷土地被出售给 SALIC 公司。该交易是澳大利亚历史上规模最大的土地交易之一，也是沙特阿拉伯在澳大利亚小麦市场上第一笔直接投资。

表 10-1 SALIC 公司相关基本食品的最佳投资目的地国家

产品	优先投资目的地
小麦	加拿大、澳大利亚、法国、黑海地区和巴尔干半岛
大麦	加拿大、澳大利亚、法国、黑海地区和巴尔干半岛
玉米	巴西、阿根廷、乌拉圭、美国、罗马尼亚
大豆	巴西、阿根廷、乌拉圭、美国、罗马尼亚
大米	印度、巴基斯坦、澳大利亚
糖	巴西、泰国
食用油	加拿大、美国、泰国和乌克兰
绿色饲料	澳大利亚、罗马尼亚和乌克兰
红肉	澳大利亚、巴西、加拿大、新西兰、乌拉圭、哈萨克斯坦、罗马尼亚、印度和巴基斯坦

沙特阿拉伯农业发展基金主要面向国内农业领域投资，其任务是在环境、水和农业部的管理之下，支持当地的农业生产。其主要职责是为从事家禽养

殖、水产养殖、温室种植的所有农业生产者的营销活动提供资金支持。截至2020 年，该基金已经发放了总计 500 亿沙特里亚尔贷款，主要用于当地的农业生产。

新冠肺炎疫情暴发后，随着粮食生产国争相增加国内储备、对粮食出口采取限制措施，沙特阿拉伯长期鼓励其私人投资者加大国外农业投资力度以支撑本国粮食安全的各项举措和提前布局功效显著，维护本国粮食供应安全的作用开始显现。

2020 年 4 月 6 日，沙特阿拉伯政府要求在海外拥有耕地的本国私人投资者为国内提供约 35.5 万吨的粮食供应，约占沙特阿拉伯国内粮食需求的10％。2020 年 4 月底，沙特阿拉伯国家谷物采购商沙特阿拉伯谷物组织（The Saudi Grains Organization）从 SALIC 公司处购买了 6 万吨产自乌克兰的小麦。这是该国首次通过海外农业投资计划购买小麦，这一投资计划真正发挥了为增强本国粮食安全提供保障的功能。

根据沙特阿拉伯谷物组织规定，在该组织注册的沙特阿拉伯海外农业投资公司必须由沙方拥有 51％的股份。在国外生产的小麦必须符合该组织的所有进口规定，并且在一个原产国生产的小麦数量不得少于 5 000 吨。沙特阿拉伯通常从美国、南美洲、澳大利亚和欧洲进口小麦。该组织 2019 年放宽了小麦虫害标准，此举旨在允许进口更多的黑海地区的谷物。

三、沙特阿拉伯海外农业投资经验对中国的启示

沙特阿拉伯 200 多万平方千米的国土中耕地只占 1.67％，其中永久农业用地不到 0.1％。20 世纪 80 年代开始，沙特阿拉伯曾通过制定 30 年小麦自给计划，不但实现了小麦自给，而且一度成为世界第六大小麦出口国，然而由于水资源稀缺，不得不于 2008 年宣布放弃该计划，并于 2016 年完全停止国内小麦种植，反而成为世界上最大的大麦、小麦进口国，世界五大大米进口国之一，所有粮食都严重依赖进口，总需求量达到 250 万吨/年。

当今，全球范围环境变化和干旱、洪水等自然灾害频发，全球粮食供应形势令粮食高度依赖进口的沙特阿拉伯等海湾国家非常担忧。虽然凭借丰厚的石油收入可以承担日益高涨的粮食价格，但真正令各国政府担心的是粮食供应的稳定性。随着世界人口不断增长，粮食安全压力不断加剧，利用海外资源不失

为保障本国粮食安全、降低食品成本的有效途径。沙特阿拉伯作为先行者，于2009年安排工业发展基金支持私营企业哈伊勒农业发展公司（Hadco）率先选择水资源充足的尼罗河上游国家苏丹作为开拓海外市场的第一站，购买土地，大规模开展小麦、玉米、大豆、苜蓿草种植和牲畜饲养，大获成功。随后阿联酋、卡塔尔、科威特、阿曼、巴林等国效仿跟进，分别在阿根廷、巴西、加拿大、澳大利亚、巴基斯坦、土耳其、乌克兰、埃及、苏丹、哈萨克斯坦、菲律宾、越南和埃塞俄比亚等国或租或买置办了大面积农田。世界银行数据显示，2019年，全球范围内已经有0.47亿公顷耕地被出售或出租给外国投资者，主要集中在非洲地区。苏丹作为沙特阿拉伯等海湾国家重要的农业投资目的国，目前共有超过48.56万公顷的土地由上述国家使用，其中阿联酋公司使用的耕地超过28.33万公顷。苏丹政府的官方数据显示，到2019年为止，阿联酋在苏丹的投资已经超过70亿美元，其中主要集中在农业和食品加工业领域。

2009年，沙特阿拉伯提出海外农业投资行动计划，2010年4月，斥资8亿美元成立了对外农业投资公司，重点鼓励本国私营企业和投资者在国外租赁或者购买农田，投资大米、小麦、大麦、玉米、水稻、甘蔗、绿色饲料、牲畜和鱼类等农业产品的种植和养殖，并将产品根据政府间相关协议按比例直接运输至沙特阿拉伯。同时，通过工业发展基金向发展境外农业项目的私营企业提供信贷和资金支持。该基金还特别成立了国家信息中心，向相关机构和企业提供所需农业信息。

2011年初，沙特阿拉伯曾宣布将未来三年的国家战略粮食储备提高至60万吨，在世界范围内与具备农业发展潜力的国家建立广泛的合作关系，发展和经营农业项目，并确定了27个国家作为农业投资目的国，同时与全球著名的粮食企业合作，利用这些公司的资源和经验获得土地、最终产品和技术支持。沙特阿拉伯通过该计划，建立了战略性粮食储备，保证了粮食安全和若干战略性作物的产量充足、价格稳定与可持续供应。

在选择投资目的国时，沙特阿拉伯一般遵从以下原则：农业资源丰富、政府政策良好、行政法规规范、有政府鼓励机制；种植作物出口沙特阿拉伯的份额合理；投资者以购买所有权或者签订长期合同的方式实现长期投资；投资者可自主选择作物种类；两国政府签订双边协定以保证投资目标的实现；获得投资项目所在地地方政府的支持和鼓励；农作物运输到沙特阿拉伯具备可行性、便利性和低成本优势。

在利用海外农业资源的同时，沙特阿拉伯也十分关注投资的社会效益以及对被投资国的回报。双方通常都会经过协商，规定收获后一定比例的产品归被投资国所有。与此同时，沙特阿拉伯还为相关国家提供种子、设备，将先进的技术和经验引入当地，创造更多的就业岗位，还会修建道路、学校、诊所等配套基础设施，力求以此提高被投资国的整体农业生产水平和当地居民的生活水平，争取双赢的局面并建立长期可持续的合作模式。

在项目实施行动中，为了削弱外界猜疑等负面影响，沙特阿拉伯始终坚持政府发挥主导作用，鼓励私营企业作为实施主体，政府实际上只扮演落实行动计划第一责任人的角色，对私营企业提出的投资项目进行评估，确定政府对该项投资的参与方式。

它山之石可以攻玉。总体讲，沙特阿拉伯作为海外投资行动的先行者，从计划的制定、部署到具体实施，都取得了一定的成果，也总结出丰富的经验，对中国农业"走出去""引进来"具有一定的启示和借鉴意义。

第十一章 CHAPTER 11
中沙农业贸易 ▶▶▶

沙特阿拉伯是海合会成员国中体量最大、经济实力最强的国家。2019 年沙特阿拉伯的 GDP 总量为 7 929.96 亿美元，约占海湾六国 GDP 总量的 48.12%。在海合会的经贸决策中，沙特阿拉伯发挥了举足轻重的作用。沙特阿拉伯是中国在阿拉伯国家中的第一大贸易伙伴、中国第一大原油进口来源国、中国第二大新签承包工程市场，是"一带一路"建设合作重点国家。

中沙两国农产品贸易快速发展，2019 年中沙农产品贸易总额为 5.35 亿美元，较 2018 年增长 74.8%。其中，中国向沙特阿拉伯出口 3.43 亿美元，同比增长 13.7%，出口较多的农产品有蔬菜、油籽、水产品和水果等；中国自沙特阿拉伯进口 1.92 亿美元，同比增长 509.9%，进口较多的农产品有水产品和水果。

第一节　沙特阿拉伯食品消费与农产品贸易特征

一、食品消费特征

沙特阿拉伯食品消费与当地人的生活饮食习惯、人口结构和宗教习俗密切相关，主要表现为以下特征：

（1）健康意识增强促进绿色食品消费需求增加。沙特阿拉伯是世界上患有糖尿病及肥胖症的人口比率较高的国家。2017 年，沙特阿拉伯 20～79 岁人群糖尿病患病率为 17.7%，肥胖症率为 33.7%，约 68.2% 人口体重超重。近年来，消费者的健康意识在逐渐加强，绿色健康食品越来越受欢迎。另外，沙特阿拉伯人均收入 2019 年达到 22 850 美元（世界银行数据），显示出强大的购买力，消费者可支配收入的增加，促进了各种新鲜有机食品、绿色健康食品等的消费需求增加。

（2）约70％的年轻人比例带动便利食品消费需求增加。沙特阿拉伯人口增长很快，其人口增长率年均达到了3％，2019年的增长率为1.97％。根据联合国统计数据，截至2020年7月底，沙特阿拉伯人口已达到3 485.41万人。因此粮食和食品的消费也同步呈快速增长趋势。沙特阿拉伯人口中年轻人的比例很高，约70％为30岁以下的年轻人，年轻人大多为工薪阶层，不喜欢花费太多时间在做饭上，很多女性也开始外出工作，因此便利食品（快餐、预包装食品、外卖等）的需求增长很快。人口的增长加速了各类粮食、饮料、保健食品、方便食品、速食食品需求的增长。

（3）饮食习惯改变导致多元化食品消费需求增加。沙特阿拉伯人饮食结构中，肉类、加工食品、食糖及盐的占比是比较高的，而各类素食的占比则不是太高。禽肉是沙特阿拉伯人消费最多的肉类，沙特阿拉伯是世界十大禽肉消费国之一。饮酒在沙特阿拉伯被视为非法，因此各种非酒精饮料消费市场庞大。奶制品、果汁、瓶装水的消费呈增长趋势，运动饮料、冰茶、果味饮料的消费量也在增加，瓶装水的销售量占软饮料的25％，果蔬汁占17.5％。沙特阿拉伯各种茶，尤其是绿茶的消费呈上升趋势。沙特阿拉伯人的饮食习惯近年来发生了很大的改变，很多年轻人逐渐接受了西方的饮食方式。

二、农产品贸易特征

在沙特阿拉伯市场上比较有销售前景的食品包括：加工的水果及蔬菜、饮料、分割禽肉、糖果、蜂蜜、调味料、酱料、谷类、面包、葵花籽、脱水豆类、豌豆、杏仁、甜品等。沙特阿拉伯农产品贸易的特征如下。

（1）需求量大。沙特阿拉伯人口的增加加速了各类粮食、饮料、包装食品、保健品需求的增长。由于沙特阿拉伯农业生产的发展受到自然资源的限制，人口的增长将会刺激农产品进口的增加，使得沙特阿拉伯农产品市场空间更为广阔，也有利于中国农产品对沙特阿拉伯出口规模的扩大。

（2）进口意愿强。沙特阿拉伯年轻人的数量较多，与父辈相比，年轻人更加崇尚现代生活方式，他们喜欢尝试新产品，对外来食品更加易于接受。另外，住在沙特阿拉伯的外国人的数量也很多，根据2017—2018年的数据，沙特阿拉伯人口中有 30% 以上是外国人，每年还有超过 700 万的国外朝圣者前往麦加，这些人口的增加，不仅促进了沙特阿拉伯各种速食店及食品工业的发展，也使得当地人对农产品及食品的需求呈现多样化，同时刺激进口产品需求增加。

（3）市场空间广。20 世纪 70 年代起，沙特阿拉伯就成为中东地区最大的食品及饮料交易市场，其零售市场快速发展，各种大型超市及中小型便利店非常普遍，数量增加很快。与此同时，速食店等餐饮业的发展也非常迅速。食品市场的发展提高了消费者对各类食品的认知度，促进了消费的增加，也对进口食品构成了极大的需求。

（4）发展潜力大。新冠肺炎疫情对沙特阿拉伯国内市场造成了一定的冲击，但经过一段时间恢复，沙特阿拉伯市场消费将稳步回升，长远看，农产品和食品需求仍呈上升趋势。

第二节　中沙农业贸易现状

沙特阿拉伯商务部数据显示，中国是沙特阿拉伯第一大贸易伙伴，2018年两国贸易额达 614 亿美元，同比增长 32%，占沙特阿拉伯同期外贸总量的17%。中国对沙特阿拉伯出口总额为 222.44 亿美元，中国出口到沙特阿拉伯的前五大产品分别是电器设备及其零部件（64 亿美元）、机械设备及其零部件（30.4 亿美元）、船舶（11.5 亿美元）、家具（9.1 亿美元）、钢铁（8.5 亿美元），而农产品出口额占比仅为 1.54%。

一、贸易规模与趋势

中国对沙特阿拉伯农产品出口规模不断扩大，出口额已经从 2009 年的1.88 亿美元上升到 2019 年的 3.43 亿美元，增长了近一倍。2019 年出口动物产品 2 238.9 万美元，其中鱼及其他水生无脊椎动物 1 489.3 万美元；植物类产品 15 776.4 万美元，其中食用蔬菜、根及块茎 6 211.9 万美元，茶、咖啡及调味香料 4 364.1 万美元，食用水果及坚果 1 714.7 万美元；各类加工类食品13 934.7 万美元，其中蔬菜、水果或植物其他部分的制品 6 466.5 万美元，肉、鱼及其他水生无脊椎动物制品 2 674.3 万美元；另外还有动植物油脂、食用油等 73.6 万美元。2019 年中国对沙特阿拉伯出口农产品主要以植物类产品和加工类食品为主。

中国每年出口到沙特阿拉伯的农产品在沙特阿拉伯总进口量中的占比并不高。以蔬菜为例，2018 年中国出口到沙特阿拉伯的各类蔬菜及相关制品为 1.72 亿美元，约占沙特阿拉伯同类产品总进口额 83.76 亿美元的 2.05%，而印度为 13.6 亿美元，占 16.24%。2009—2018 年，中国对沙特阿拉伯每年的蔬菜出口额基本呈增长趋势，仅 2011 年和 2016 年有所减少。中国的绿茶在沙特阿拉伯一直广受欢迎，2018 年中国出口到沙特阿拉伯的绿茶 892.5 吨，价值约 558 万美元，占沙特阿拉伯绿茶总进口额 1 142 万美元的 48.86%。

从总体趋势来看，中国农牧渔产品在沙特阿拉伯的市场份额不断加大，出口额持续上升，但出口结构可能会发生一些变化。谷物、活动物等沙特阿拉伯主要需求的产品出口额将相对下降，而蔬菜、水果及其制品的出口优势将更加明显。受新冠肺炎疫情影响，2020—2021 年中国出口到沙特阿拉伯的农牧渔产品数量有所减少，但随着后疫情时代的到来和经济刺激方案的实施，沙特阿拉伯国内的消费需求逐渐恢复，预计中国对沙特阿拉伯的出口将稳步回升。

二、中国农产品在沙特阿拉伯市场上的竞争力

根据市场占有率与排名、与其他国家农产品贸易相似度等指标情况分析，中国农产品与欧美、中东、西亚和北非地区国家相比，在沙特阿拉伯市场上的竞争力明显落后。

（一）市场占有率与排名

通过市场占有率和排名的分析，可以从总体上把握中国农产品随着时间变化在沙特阿拉伯市场上的竞争力状况及其变化。

在沙特阿拉伯农产品市场上，美国、巴西、印度和法国占有的市场份额较大，是沙特阿拉伯的主要贸易伙伴。尤其是美国、巴西和印度稳居前三名，美国所占有的市场份额多数年份都超过了 8%，巴西个别年份甚至接近 10%。中国农产品市场占有率较低，排名靠后，市场占有率始终在 1% 与 1.5% 之间徘徊。2003—2006 年排名第 12 位，2008 年降至第 18 位，2009 年排名为第 19 位。2018 年降至第 20 位之后，其中蔬菜为第 13 位，动物产品为第 32 位，粮

食和其他食品为第 24 位。因此，从市场占有率和排名来看，中国农产品在沙特阿拉伯市场上的竞争力相对较弱。

总体而言，中国与沙特阿拉伯农产品贸易关系并不紧密。中国农产品在沙特阿拉伯市场上竞争力相对不足，所占份额相对较低。2014—2018 年，中国是沙特阿拉伯最大的贸易伙伴，2018 年中国对沙特阿拉伯的出口额为 222.44 亿美元，占沙特阿拉伯总进口额 1 352.11 亿美元的 16.45%，但中国出口到沙特阿拉伯的农牧渔产品占比并不大，与出口大国的身份不相称，中国对沙特阿拉伯市场的开拓程度远不及对世界其他市场的开拓程度。这也同时表明，中国农产品在沙特阿拉伯市场上还具有一定的发展空间，应该通过加大市场开拓力度来扩大双方的贸易规模和贸易空间。中国农产品在当地市场上竞争力的提升，有待于中沙两国政府和企业共同努力和推动。

（二）与其他国家农产品贸易相似度

在沙特阿拉伯农产品市场上，中国与其他国家农产品贸易相似度在不断发生变化，如美国、印度、德国、乌克兰、荷兰、阿根廷、埃及、土耳其等国家与中国农产品贸易的相似程度在逐年提高，而巴西、法国、澳大利亚与中国农产品贸易相似度在逐年下降。从中国与主要竞争对手在沙特阿拉伯市场上的竞争状况看，埃及、土耳其、荷兰、美国和印度与中国农产品贸易相似度较高，从而这些国家与中国农产品贸易竞争程度也比较高。其中美国本身是世界农产品生产大国和强国，印度、土耳其和埃及就地缘而言比中国更具优势，同时这些国家的部分农产品竞争力原本就十分强大。加拿大、巴西、乌克兰与中国农产品贸易相似程度较低，竞争也相对较弱。这与中国和这些国家之间的资源禀赋差异具有一定关系。

第三节　关于促进中沙农业贸易的建议

虽然中国农业"走出去"取得了不俗的成绩，但也遇到了各种困难。比如互联互通基础设施不完善、跨国农业市场体系不健全、缺乏农业国际合作政策的有效支持，还有农业国际合作机制不健全等。中国农业"走出去"一定要有系统谋划，做到着眼长远、循序渐进、量力而行、逐步拓展。沙特阿拉伯是"一带一路"沿线重点国家，在中东地区乃至世界范围内的政治和经济领域中，发挥着举足轻重的作用。伴随着两国友好关系不断深化，如何扩大中沙农业贸易，粗浅分析和建议如下。

一、伴随"一带一路"建设的深化，加强农业贸易的发展

农业交流与农产品贸易一直是古丝绸之路经贸活动的重要内容。中国借丝绸之路从西域引入了胡麻、石榴、葡萄、苜蓿等作物品种，并把丝绸、茶和冶铁、掘井等农产品和农业技术带到了中亚、西亚、南亚等国家，促进了各国间农业技术的传播与交流。

在新时期"一带一路"建设中，农业仍是最受关注的领域之一，"一带一路"建设农业合作是沿线国家农业和国民经济发展的共同需要。一方面，沿线的东南亚、中亚、南亚、西亚、中东欧、非洲等国家基本都是农业国，大部分国家解决饥饿和贫困问题、保障粮食安全的愿望强烈，在农田水利设施建设，农业生产技术及生产资料供给，农产品加工、仓储物流设施建设等方面发展需求迫切。另一方面，中国地域辽阔，农业文明历史悠久，积累了在各种气候条件下从事农业生产的先进、适用的农业技术，以及丰富的农业农村发展经验，适宜推广到"一带一路"沿线国家。近年来，中国通过对外援助、科技合作、农产品贸易、农业投资等形式开展了广泛的农业国际交流与合作，取得了良好成效，为"一带一路"建设农业合作奠定了良好基础。

中国与沙特阿拉伯是共建"一带一路"的天然合作伙伴。中国支持沙特阿拉伯实现"沙特阿拉伯2030愿景"，愿做沙特阿拉伯经济多元化的合作伙伴。中沙合作互补性强，潜力巨大，前景广阔。2016年以来，两国元首实现互访，中沙高级别联合委员会的统筹协调作用持续扩大，中沙全面战略伙伴关系不断走实走深，"一带一路"倡议和"沙特阿拉伯2030愿景"进一步对接。双方共签署了30个重点项目的合作协议，涵盖能源、金融、投资、贸易、住房、水资源、质检、科技、人文、邮政、通信、媒体等领域。中沙全方位立体合作新格局正在形成，中沙全面战略伙伴关系内涵不断丰富。

当今世界，和平与发展是人类共同的愿望，各国休戚与共、命运相连，开放、合作、改革、创新的潮流不可阻挡。中沙对接"一带一路"倡议和"沙特阿拉伯2030愿景"的成果不仅将惠及两国，更将引领地区合作。阿拉伯格言说："求知莫辞中国远。"中国古语说："千里之行，始于足下。"中国人民愿与

沙特阿拉伯人民携手并肩，为推动建设新型国际关系、打造人类命运共同体而共同努力。

同时，"一带一路"建设农业合作也是中国推进现代农业建设的重要方式，通过深化农业对外合作为中国农业转方式、调结构赢得时间和空间，统筹国际国内两个市场、两种资源，实现产业素质、发展质量和经营效益的优化和提高。

随着"一带一路"沿线基础设施建设的推进和开放性政策的出台，农业合作有望成为"一带一路"建设"利益共同体"和"命运共同体"的重要结合点之一。"一带一路"建设农业合作将为推动全球农业更大范围、更高水平、更深层次的大开放、大交流、大融合格局的形成发挥重要作用。

"一带一路"建设在中东的开展和深化将促进中沙农业贸易长足发展。共建"一带一路"是国际合作及全球治理新模式的积极探索，旨在促进经济要素有序自由流动、资源高效配置和市场深度融合，推动沿线各国实现经济政策协调，开展更大范围、更高水平、更深层次的区域合作，共同打造利益共同体、命运共同体、责任共同体。共建"一带一路"既是契合中国、沙特阿拉伯和中东地区发展需要，也符合有关各方共同利益，顺应当今区域合作与国际发展潮流。

二、建立稳定可持续且与时俱进的中沙商贸关系

以"一带一路"建设为契机，在世界贸易组织框架下加强国家层面的战略规划，构建新型双向、互惠互利的农业投资和贸易关系，完善中沙贸易制度建设，为发展中沙农业合作提供保障。要以涉农大型企业为核心，联合农业科技研发机构和农业社会服务组织，提高农业科技的核心竞争力，塑造高效运行的农业产业组织，为中沙农业合作奠定坚实的基础，逐步拓展中沙农业国际合作空间和领域，打造一批能够在中沙农业产业链条和农产品市场上灵活运营、长期发展的实力派跨国企业。同时，要结合中国农业发展需要，通过财政补贴、税费减免、提供金融服务、风险预警等方式，指导、引领中国涉农企业、相关社会服务组织进行国际市场开拓和对外交流合作，鼓励企业"走出去"，在沙特阿拉伯建立高质量农业生产加工基地。

三、完善中沙粮食安全保障产业链、供应链建设

着眼全球农业产业链条供应链布局，在农业科研、农资研发、生产、加工、物流、仓储、销售等诸环节合理布点，长远谋划，把沙特阿拉伯作为全球农业全产业链中的重要环节，谋划建立稳定的中沙农产品市场销售和网络关系。加强对沙特阿拉伯的市场调研，制定可行的市场营销战略，提供农产品在原产国的生产、销售及市场占有率方面的信息。重视两国的文化差异，做好中国农产品的宣传与推介，深入了解沙特阿拉伯主要农产品进口商及其分销网络，对沙特阿拉伯的超级市场、食品店、批发市场等进行细化研究，与沙特阿拉伯进口商建立稳定的联系。在中沙之间进一步发展会展经济，举办可持续的双边农产品展销会，形成常态化机制，建立两国市场之间的稳定联系。

四、深入了解当地关于食品的法律、法规和规章制度

深入开展对沙特阿拉伯有关农产品进口法规、规章制度和标准、要求以及市场准入规则的研究，对中国与沙特阿拉伯开展广泛的农产品贸易具有积极的现实意义。例如，沙特阿拉伯禁止进口不符合伊斯兰教规定的产品以及酒精类饮料、酿酒设备等，禁止进口活牛及牛肉，禁止进口受禽流感影响的国家的活禽、禽肉等产品，家畜和家禽肉类在装运时要附带额外的健康证明证书等。对出口到沙特阿拉伯的屠宰动物需明确没有喂食反刍动物制品和激素，所有进口的食品，需要遵守沙特阿拉伯有关健康和卫生法规，并且要加贴原产地标识，尤其是对肉类和禽产品的进口要求必须经过清真食品认证，生产商要有健康认证，并且产品来源可靠，牲畜的喂养过程不能添加含有蛋白质、脂肪等的饲料。因此，深入了解沙特阿拉伯的食品法律制度、市场准入规则，熟知沙特阿拉伯食品进口的多方面要求，开展农产品标准和法规方面的合作研究，对中国与沙特阿拉伯开展广泛的农产品贸易具有积极的现实意义。

五、加速推进中国-海湾阿拉伯国家合作委员会自由贸易区的建立

2016年12月19日至21日，中国-海合会自贸区第九轮谈判在沙特阿拉伯首

都利雅得举行。中方代表团人员分别来自商务部、工业和信息化部、农业部、海关总署、质检总局、中医药局等部门。海方代表团分别来自沙特阿拉伯、阿曼、阿联酋、巴林、卡塔尔、科威特 6 个海合会成员国以及海合会秘书处。

在为期三天的谈判中，双方就服务贸易、投资、电子商务和货物贸易遗留问题等内容进行了深入磋商，结束了经济技术合作等章节的谈判。至此，双方已就 15 个谈判议题中的 9 个结束谈判，并就技术性贸易壁垒（TBT）、法律条款、电子商务等 3 个章节内容接近达成一致，在核心的货物、服务等领域取得积极进展。

但是，从目前情况来看，中国与海合会的自由贸易区谈判落后于其他国家和地区。自海合会宣布于 2003 年起正式成立关税同盟后，欧盟与海合会的谈判就加快了进程，到 2013 年 6 月 30 日，欧盟-海合会联合部长理事会会议第 23 次会议在巴林举行。在新闻发布会上，巴林外长表示，欧盟-海合会自贸区协定谈判已就 99% 的条款达成一致，只有出口税率部分尚未完全确定。但随后双方谈判陷入停滞状态。美国在 21 世纪初就提出了美国-中东自由贸易区构想。目前，其与以色列、约旦、摩洛哥、巴林和阿曼的双边自由贸易协定已经生效，最终目标是建成完整的美国-中东自由贸易区。而印度和日本与海合会的谈判进程亦在推进过程中。上述国家和地区都是中国农产品出口沙特阿拉伯的有力竞争者，它们如早于中国与海合会建立自由贸易区，必然对中国农产品出口沙特阿拉伯构成影响。

因此，中国应该加速推进与海合会之间自由贸易区的建立，要抢得先机，这是促进中国农产品出口的有力保障。《中国-阿拉伯国家合作论坛 2018 年至 2020 年行动执行计划》强调要尽早完成中国-海湾阿拉伯国家合作委员会自由贸易区谈判，支持中国与阿拉伯国家间的贸易自由化、便利化，这将为中国同阿拉伯国家间的贸易往来提供便利，为双方企业提供更多贸易机会。"一带一路"为中国-海合会自由贸易区的建立创造了良好的契机，而后者可以作为"一带一路"合作发展理念在中东地区的制度化体现，成为"一带一路"建设的重要地区支点。未来中国应积极与海合会国家进行谈判对接，力争早日签署中国-海合会自由贸易协定。

六、发挥比较优势，提高产品竞争力，积极拓展市场

出口的扩大和市场份额的提高归根结底在于国际市场竞争力的提高。近年

来，中国农产品出口比较优势发生了较大的变化，相关研究表明，中国目前只有劳动密集型农产品具有较强的比较优势，鲜活原料型农产品的比较优势呈下降趋势，而深加工型农产品的比较优势在显著上升。我们应该按照比较优势原则积极调整中国对沙特阿拉伯出口农产品的结构，逐渐增加劳动密集型农产品的生产和出口。中国蔬菜、水果及其制品等出口沙特阿拉伯较多并且具有一定竞争力，应该进一步扩大这些产品的出口。同时，应该积极采用先进的技术对产品进行深加工，进一步增加产品的附加价值，提高产品的国际竞争力。

同时要积极拓展沙特阿拉伯农产品市场：一是积极研发适合伊斯兰国家市场的产品，挖掘市场潜力，开发当地需求较大的清真速冻食品、清真豆制品、清真方便食品、清真婴幼儿食品等。二是积极推进"一带一路"倡议和农业"走出去"战略，加强对外交流与合作，利用国际性展会和各种渠道宣传中国农产品。尤其应该通过中国-阿拉伯国家博览会等平台宣传中国农产品、清真食品产业发展现状和优势。三是创新中国和沙特阿拉伯农产品贸易合作模式，如以中国灵活的土地流转制度来吸引沙特阿拉伯石油美元投资中国农业。

七、开展优势农产品领域的深度开发和研究

立足沙特阿拉伯的资源气候条件，依托中国种植业、养殖业领域的特点，深入开展中沙农业科技领域的广泛合作研究，探索适合沙特阿拉伯本地种植业和养殖业发展的品种和结构，开展劳动密集型农产品方面的合作，有利于增强中国农业科技"走出去"的深度和广度。要充分发挥中国劳动力成本优势，在特色水果、蔬菜、茶叶、植物类油脂、加工食品等品种方面发挥比较优势；利用沙特阿拉伯经济相对发达的优势，发展"互联网＋"现代农业以及特色观光设施农业，加强服务业领域的配套建设，形成沙特阿拉伯设施农业发展模式；在农产品加工技术方面，利用沙特阿拉伯对新奇特农产品消费需求旺盛的特点，凭借中国农产品加工技术优势，建立标准化生产加工流水线，形成加工技术出口的标准化模式，例如开发以茶叶为原料的奶茶、冰茶等深加工产品。

第十二章 CHAPTER 12
中沙农业合作机遇与展望 ▶▶▶

"中沙基础设施建设、投资、劳务、农业等领域合作项目不胜枚举，合作规模不断扩大……中沙两国科研机构成功绘制了椰枣基因组图谱，对椰枣产量、品种改良、病虫害防治等产生重要影响。"这是中国国家主席习近平2016年1月18日对沙特阿拉伯进行国事访问之际，在沙特阿拉伯《利雅得报》发表的题为"做共同发展的好伙伴"的署名文章中的一段话，高度概括了中沙农业在最近十几年中的发展情况。

正如习近平主席所说，中沙友谊历久弥新，中沙农业，特别是在椰枣种植领域有着广泛深入的合作，为中沙两国经济发展做出了突出贡献。

中国和沙特阿拉伯两国国情不同，但都十分重视农业发展。双方在农业领域交流互访不断，分享成功经验，促进共同发展。中方农业农村部在2021年全国两会答记者问时强调，确保粮食安全和重要农产品供给，关键是藏粮于地、藏粮于技，要害是种子和耕地。中沙农业合作除了贸易和投资外，更多地集中在农业技术领域。

第一节　中沙农业交流与合作

中沙两国因为国情、自然禀赋、社会制度的不同，农业发展路径和情况也不尽相同。由于历史、地理及文化差异等原因，双方在农业领域的合作交流起步较晚，农产品贸易量不大，但随着"一带一路"倡议的推进，沙特阿拉伯联系中东、辐射亚非欧三大洲的枢纽作用将日渐突出，中沙两国在农业经贸和投资领域的合作潜力将越来越大。

一、中沙政府间农业交流

1990 年 7 月 21 日，中国和沙特阿拉伯建交。新华社 2020 年 7 月 22 日报道，国家主席习近平同沙特阿拉伯国王互致贺电，庆祝两国建交 30 周年。

习近平主席在贺电中指出：建交 30 年来，中沙关系稳步发展，各领域合作成果丰硕。特别是近年来，中沙建立全面战略伙伴关系，两国关系发展步入快车道。当前，中沙合力抗击新冠肺炎疫情，维护两国人民健康福祉以及全球和地区公共卫生安全，谱写了守望相助、同舟共济的佳话。我高度重视中沙关系发展，愿同萨勒曼国王一道努力，以两国建交 30 周年为契机，推进共建"一带一路"倡议和沙特"2030 愿景"对接，充实双边关系战略内涵，共同引领新时代中沙关系不断取得新成就，造福两国和两国人民。

萨勒曼在贺电中表示：建交 30 年来，沙中各领域关系取得巨大发展，这体现了两国的深厚友谊和战略关系的高水平。我愿推动这一特殊关系不断发展，服务于两国和两国人民的共同利益。沙方同中方在如何应对新冠肺炎疫情方面有着相同或相近的看法，愿同中方共同努力抗击疫情。沙方期待同中方开展更多合作，推动实现地区和世界的安全与稳定。

建交以来，两国友好合作关系全面、快速发展，双方交往频繁，合作领域不断拓宽。2008 年 6 月，两国建立战略性友好关系，随之而来的是多领域合作的深入开展。近年来，中沙关系发展进入快车道，两国关系处于历史最好时期。两国高层互访频繁，习近平主席和沙特阿拉伯国王实现互访，两国全面战略伙伴关系正不断充实深化。中沙高级别联合委员会机制日臻完善，成为引领协调中沙各领域发展的重要平台。2019 年 2 月，沙特阿拉伯王储成功访华并主持召开中沙高级别联合委员会第三次会议；4 月，沙特阿拉伯派高级别代表参加第二届"一带一路"国际合作高峰论坛，双边关系呈现强劲的发展势头。

中沙农业交流与合作也与时俱进，逐年增多。2000 年 4 月，沙特阿拉伯农业与水资源大臣率团访华，中沙双方就农业合作问题进行了工作会谈。2005 年 9 月，中沙双方在京共同签署了中沙农业合作协定。双方一致同意在农业科技、农用机械、海水养殖、灌溉和水资源管理等领域开展合作。随后，沙方赴中国农业科学院，表达了与该院开展农业科技合作的意愿，并参观了国家重大科学工程设施。2016 年 6 月，沙特阿拉伯环境、水和农业部部长来华出席在西安举行的第三届 G20 农业部长会。同年 8 月，中沙双方一致同意完善双边农业合作机制，在中沙农业合作协定框架下制定合作的具体实施方案及 3～5 年农业合作路线图，并鼓励和支持两国开展农业投资合作等。2017 年 5 月，中方农业部副部长在利雅得与沙方环境、水和农业部副部长举行会谈。目前两国农业部门建立有司局级农业合作机制。

二、中沙农业科技合作现状

中沙农业科技合作主要集中在椰枣基因组领域，另外还包括病虫害、瘟疫防治领域的合作。

（一）椰枣基因组合作研究

在农业科技合作方面，中国-沙特阿拉伯椰枣基因组研究计划是中沙科技合作框架协议签署后开展的第一个科研合作项目，是沙特阿拉伯政府资助的规模最大的生命科学领域研究项目。该项目成功绘制出椰枣基因组图谱，对椰枣产量、品种改良、病虫害防治等产生了重大影响。

2008 年，中国科学院北京基因组研究所（以下简称"基因组所"）与沙特阿拉伯共同启动了椰枣基因组研究项目。该项目是由沙特阿拉伯阿卜杜勒·阿齐兹国王科技城（KACST，该国国立科研基金会）支持和启动的。椰枣在中东、非洲、欧洲和美洲等地被当作重要粮食作物，年产量约 1 500 万吨，沙特阿拉伯椰枣树数量占全球的 8%，产量为全球的 15%，并且椰枣树出现在沙特阿拉伯国徽上，是沙特阿拉伯具有象征意义的树种。

世界上约有 3 000 多个可种植椰枣品种，遗传差异很大。在椰枣的农业生产中面临着一系列重要的问题需要解决：①杂交育种和分子育种存在困难，研究进展缓慢；②各种病虫害频繁发生；③各种环境因素对椰枣树生长的胁迫；④人们对椰枣产量、品质、运输和存储等方面的要求日益提高。

该项目从 2008 年 8 月正式启动，基因组所抽调科研骨干赴沙特阿拉伯，协助该国组建实验室，并与当地科研技术人员一起进行研究工作。研究内容包括：①基因组学研究，构建基于全基因组克隆的物理图谱，进一步完成基因组草图和精细图；②转录组学研究，采用全长 cDNA、EST（表达序列标签）、SAGE（基因表达系列分析）、non-coding RNA（非编码 RNA）和 Microarray

（微阵列技术）等技术手段，对椰枣不同组织、不同生长时期的基因表达和转录调控进行全方位研究；③遗传学研究，采用 Barcoding（条形码）、SSR（简单重复序列标记）等方法对椰枣各个不同的品系进行遗传背景的研究和遗传标记的筛选。项目科研经费由 KACST 支持，全部科研数据存放于公共数据库，所有科研成果公开，与全球科研人员共享。

该项目的实施，对植物基因组学研究具有重大的意义和影响；椰枣基因组数据将为椰枣繁殖育种、抗虫抗逆、提高产量与品质等提供直接的帮助；同时，还可以培养基因组学方面的科研技术人才。中沙双方还对红棕象甲（一种为害椰枣和椰子树的外侵害虫）基因组开展联合研究，开发可能的防控方法。

2009 年，浪潮集团成为首家参与中沙科技合作的超级计算机公司，承担了椰枣基因组工程项目的超级计算机的建设任务。中沙椰枣基因组项目超级计算机平台无故障运行 32 040 小时，采用"定制化超级计算机系统方案＋7×24 小时全程服务"的组合拳模式，成功完成基因测序任务 9 730 项，处理基因数据 757 760GB，实现了全球首发"椰枣基因组全序列图谱"。

2010 年 8 月，中沙椰枣基因组研究计划取得阶段性进展，科研人员完成了椰枣叶绿体的基因组测序与分析工作，相关学术论文在 *PLOS ONE* 杂志发表。这是中沙两国椰枣项目合作组成立以来发表的第一篇学术论文，标志着基因组所与 KACST 共建的基因组测序与信息平台已经开始高速运转，并产出高质量的数据和分析结果。这也是国际上首次发布椰枣的叶绿体基因组数据，对植物，特别是棕榈科植物的进化模式研究具有十分重要的意义。

2013 年 12 月 8 日，基因组所与 KACST 在沙特阿拉伯共同举行新闻发布会，宣布中沙椰枣基因组研究计划获得系列进展。自项目启动以来，科研人员开展了椰枣基因组和转录组测序工作，获得了椰枣基因组草图，覆盖了椰枣总基因组的 93%。通过对椰枣基因组的分析，科研人员发现椰枣基因组中含有 4 万多个基因，并发现了众多与抗旱、抗病、抗盐碱以及耐高温相关的基因以及基因家族。同时，研究揭示了椰枣基因组的倍增与进化，以及椰枣果实糖类代谢和累积的过程和机制。

另外，通过对不同椰枣品系的比较研究，研究人员描述了椰枣基因组中的变异情况，并发现了一些与重要性状相关基因的富集区域，这些工作为后续提高椰枣对环境的适应性以及改善果实质量奠定了基础。此外，项目组还完成了椰枣产能和光合作用的细胞器——线粒体、叶绿体基因组分析，椰枣基因模型分析和椰枣果实发育分析等工作，相关文章在 *Nature Communications* 等期刊上发表。

2016 年 1 月，两国建立全面战略伙伴关系，并决定成立中沙高级别联合委员会。2016 年 1 月 18 日，习近平主席在沙特阿拉伯《利雅得报》发表题为"做共同发展的好伙伴"的署名文章中重点提到中沙两国在沙特阿拉伯"国家八五规划"期间开展的科技合作——椰枣基因组工程项目，不仅对沙特阿拉伯椰枣产量、品种改善、病虫害防治等产生重要影响，也为中沙高科技战略合作以及促进中沙科技友谊开启了新的一页。

（二）设施农业及病虫害、瘟疫防治合作

由于沙特阿拉伯本国自然环境的限制，地下储水即将枯竭，无法发展大规模连片种植，沙特阿拉伯农业除了普遍采用滴灌技术，种植耐干旱、抗高温作物及品种外，发展具有高新科技含量的节水、精细、高产、有机特色农业（简称"设施农业"）成为首先和重点发展方向。沙特阿拉伯目前正在就本国设施农业未来的发展方向、规模及鼓励措施制定规划，其中计划在沙特阿拉伯境内建立 120 多个设施农业基地，并为其提供免费检测等配套服务便利。

沙特阿拉伯十分重视学习引进外国的先进农业生产经验和技术。早期把学习目标聚焦在与其自然条件相似的澳大利亚。澳大利亚由世界上干旱严重、几乎没有农业的国家，一跃成为大量出口农牧渔产品的国家，其经验对沙特阿拉伯有着强大的吸引力。沙特阿拉伯除了向澳大利亚购买适用于干旱地区耕作的机器和适合旱地生长的种子外，还聘请澳大利亚的农业专家前往沙特阿拉伯指导生产经营，并通过举办各种农业技术训练班和农业展览，引进吸收了来自澳大利亚的旱地耕作经验和技术，近些年，还选派了近百名专业人员到其他国家学习农业技术和管理。2019 年，袁隆平院士带领团队种植的"沙漠水稻"获得成功，沙特阿拉伯对此极为感兴趣，沙方已与中国科学院建立直接联系。

沙特阿拉伯发展设施农业有比较好的前景，农业灌溉合理用水是沙特阿拉伯国家水资源协调管理体系战略的重要内容。农业灌溉用水管理技术落后导致水资源利用效率不高，制约着沙特阿拉伯农业的高效、高质量发展。根据有关估算，沙特阿拉伯水资源漏损量约占 35%，储存和输水过程中的损失量约占 30%。因此，将中国节水农业和防治土地盐碱化技术引到沙特阿拉伯，开展农业节水及高效、可持续生产技术方面的合作研发，如引进无土栽培、鱼菜共生

等设施农业替代传统农业,是符合沙特阿拉伯国情的农业合作,具有远大的发展前景。

另外,沙特阿拉伯农机设备及备件供应不足,机械服务水平较低,维护和保养能力尚待提高,如喷灌、微喷和滴灌等设备供应和维护需求量很大,此外,沙特阿拉伯对地膜、输水管线等农用塑料制品的需求较大,有较好的市场发展潜力。沙特阿拉伯在设施农业装备材料方面也具有较大发展空间,在当地投资建厂具有较好的前景。

病虫害、瘟疫防治也是中沙合作的重要领域,沙特阿拉伯属干燥沙漠性气候,降水量少,但其南部和西部一些地区地下水储量丰富,依靠灌溉设施建立了多个农业种植区。中国企业可与当地企业合作扩大种植面积,提高生产能力,也可将中国耐旱、喜温、节水的优良作物引入沙特阿拉伯,根据沙特阿拉伯当地的消费偏好,将中国特色水果、蔬菜进行沙特阿拉伯本地化种植。中国热带农业科学院椰子研究所与阿联酋科研机构合作开展的椰枣病虫害防治及增产综合治理方案也引起沙特阿拉伯农业部关注,专门向中方农业农村部提出希望开展合作。

(三)农业领域其他科技合作

中国农业科学院生物技术研究所植物分子生物学研究室与沙特阿拉伯国王科技大学科研人员合作,在植物 mRNA 监控系统研究中取得突破,相关成果于 2016 年 2 月 17 日在线发表在国际植物学著名刊物 *The Plant Cell* 上。

第二节 中沙农业合作机遇与前景展望

1981 年,中国对沙特阿拉伯出口额仅 1.7 亿美元。1990 年,中国和沙特阿拉伯建交后,双边关系发展迅速,短短几年时间,双方各领域务实合作就达到了前所未有的广度和深度。1996 年,中沙两国贸易额达 15.77 亿美元,至 2013 年,中国已成为沙特阿拉伯第一大贸易合作伙伴,2014 年,中沙双边贸易额比建交时增长 230 多倍,达到 691 亿美元。对于中国提出的"一带一路"倡议,沙特阿拉伯政府也高度重视。在地理位置上,沙特阿拉伯地处"一带"和"一路"的战略交汇点,基于互利共赢的战略背景下,中沙两国农业发展领域合作具备较大潜力,值得深入发掘。沙特阿拉伯政府曾在中沙高级别联合委员会上主动提出加强两国在该领域的合作。开展中沙农业合作，对双方深入推进"一带一路"建设合作具有重要意义。

2018 年习近平主席访问阿联酋期间，中阿双方签署了"一带一路"菜篮子工程迪拜项目，该项目为"一带一路"首个菜篮子民生工程。中方农业农村部自 1988 年开始，就通过建设菜篮子工程，建立了肉、蛋、奶、水产和蔬菜生产基地及良种繁育、饲料加工、物流服务等完整的产业体系，形成了大市场、大流通的格局，从根本上扭转了中国副食品供应长期短缺的局面，并在此方面积累了丰富的经验。该项目作为习近平主席访阿成果，不但对推动"一带一路"沿线重点国家，特别是中阿两国农业合作，促进当地农牧渔业发展十分有益，而且能使"一带一路"沿线国家的约 40 亿百姓分享到中国改革开放的丰硕成果，特别是菜篮子工程带来的实惠，进而对沿线国家的食品供应形成有力保障。该项目得到阿联酋官方和民间高度重视和热烈欢迎。

2019 年，农业农村部联合内蒙古自治区和阿联酋内阁粮食安全办公室又签署了"一带一路"草畜一体化产业示范园粮食安全项目。该项目的建立，既可促进中国，特别是内蒙古自治区草畜产业体系的升级换代，为内蒙古自治区拓展外贸通道，为阿鲁科尔沁旗的农牧民脱贫致富开拓新的发展路径，同时，也可推动阿联酋等"一带一路"沿线国家草畜产业的发展，为其市场供给提供安全保障。项目坚持中阿双方政府指导推动、以企业为主体、市场化运营原则，吸收社会资本参与，建立现代企业运营管理机制。对阿联酋来说，这一投资是保障其食物安全的新布局，而中国内蒙古自治区是落实这一项目的最佳地点。因此双方在畜牧产品供需、牧草种植投资方面具有天然的互补优势，合作潜力巨大。待此次中阿合作项目全面落地后，无疑将成为"一带一路"倡议的标志性投资。尤其值得关注的是，绝大多数"一带一路"项目都是中国在相关国家进行投资合作，而"一带一路"草畜一体化产业示范园粮食安全项目是阿联酋在中国进行的"一带一路"项目投资合作，这在一定程度上标志着"一带一路"倡议进入了双向流通的新阶段。这样的合作机制和模式也为中沙合作提供了样板。

沙特阿拉伯农业在 2010 年之前长期处于粗放型发展阶段，通过增加投入一度实现部分口粮自给自足，但同时也消耗了大量的自然资源，达到鼎盛后，这种不可持续的发展状态给沙特阿拉伯带来了难以弥补的损失。为实现国家的可持续发展，政府将农业发展重点转为投资海外农业、高附加值有机农业、设施农业、粮食存储业以及水产养殖业等，中沙农业合作可围绕以下几点捕捉机遇。

一、合作扩大海外农业投资

2009 年，沙特阿拉伯公布了明确的海外农业投资行动计划，其目标是保障沙特阿拉伯粮食安全，鼓励沙特阿拉伯投资者利用海外资源和经验，建立海外农业生产基地，为沙特阿拉伯增加稳定的全球粮食供应。除直接投资外，沙特阿拉伯还通过合资、海外订单农业、外包种植等方式发展海外农业。新冠肺炎疫情暴发后，沙特阿拉伯紧急推出了两项总值 25 亿沙特里亚尔的海外投资计划，以支持农业发展并促进粮食进口，保障本国粮食安全。

2019 年，沙特阿拉伯通过国有企业或私营财团基本控制了埃塞俄比亚、苏丹和菲律宾的水稻种植，美国加利福尼亚州和亚利桑那州的养牛场，乌克兰和波兰的小麦种植，阿根廷和巴西的牲畜养殖场，毛里塔尼亚的水产养殖，特别是对虾养殖。

耕地是粮食生产的基础，对中国而言，18 亿亩耕地红线是 14 亿中国人的粮食安全底线。

2021 年末，中共中央政治局常务委员会会议专题研究"三农"工作，习近平主席再次提出明确要求："18 亿亩耕地必须实至名归，农田就是农田，而且必须是良田。"守住耕地红线，不仅数量上不能减少，质量上也不能搞"变通"。然而残酷的现实表明，中国保饭碗的耕地数量正在减少，局部质量也在变差，不得不把眼光转向从海外进口农产品，以弥补需求短缺，造成农产品贸易逆差持续增长，2020 年农产品出口额仅 760 亿美元，而进口额则达到 1 708 亿美元，贸易逆差达到 948 亿美元，与 2015 年相比几近翻倍，形势日益严峻，长此以往，必将受制于人。

中国可以学习沙特阿拉伯，鼓励国营与私营企业投资拓展海外农业生产，开展中沙双方合作，优势和资源互补，共同开拓海外农业生产，共同抗击相关风险。

沙特阿拉伯农业在 1.0 版本的传统农业基础上，凭借石油美元财力，直接引进美国机械化农业模式，迅速步入具有资本化、专业化、机械化、商业化、规模化特征的 2.0 版本的时代，并将此版本在海外农业投资生产中加以复制，延续至今。

当今，世界农业已经由 2.0 版本步入了"计算机＋相应辅助硬件"的自动化农业 3.0 版本时代，不但专业化水平得以提升，而且实现了资源的合理利用，正在迅速向智慧化农业 4.0 版本发展，即通过利用多种设备获取相应的数据，实现数字化、智能化生产，将各个设备获取的数据打通，进行资源整合，最终实现无人化生产。

沙特阿拉伯农业，特别是海外农业，既需要中国的政治、经济、文化影响力，缓解自己单方面面临的压力和困扰，同时也需要通过与中国合作，使自己的农业由 2.0 版本早日步入 3.0 版本，继而奔向 4.0 版本，这无疑为中沙农业合作，特别是中沙海外农业投资合作奠定了基础、创造了机遇。

二、开展高附加值农业合作

由于沙特阿拉伯本国自然环境的限制，无法发展大规模成片种植，具有精细、高附加值、节水特征的农业成为重点发展方向。沙特阿拉伯于 2007 年建立沙特阿拉伯有机农业协会（SOFA），2008 年在农业部内成立了有机农业主管部门，并于 2011 年将盖西姆农业研究中心转变为有机农业中心。2014 年，该国还颁布了《有机农业法》，并制定了有机农业发展规划。该规划涵盖有机农业未来发展方向及鼓励措施，其中包括政府将为有机农业提供免费检测等优惠政策。该计划预测，未来沙特阿拉伯境内有机农场将达到 120 个。同时，由于用水量的不断增加，沙特阿拉伯地下水迅速枯竭。在这种情况下，发展节水农业成为沙特阿拉伯首选，农村地区普遍采用滴灌技术，种植耐干旱、抗高温作物及品种。

2019 年 1 月，沙特阿拉伯环境、水和农业部部长表示，已经开始施行的沙特阿拉伯农业农村可持续发展计划将成为世界上最大的农业发展计划，旨在发展高质量、高附加值和高水准的农业，提高生产力，保障沙特阿拉伯食品健康安全。预计在未来七年内将创造 3.5 万个就业机会，惠及 30 万沙特阿拉伯公民，到 2025 年底满足沙特阿拉伯 19％的粮食需求。

该计划将根据每个地区的比较优势，利用分散在农村地区的农业生产基地，使农业、畜牧业、渔业、养蜂业生产领域的小生产者受益。该计划预算为120 亿沙特里亚尔，其中 70 亿沙特里亚尔用于发展农场。该计划已得到政府

87.5 亿沙特里亚尔投入，另外还有沙特阿拉伯农业发展基金 30 亿沙特里亚尔的支持。计划实施后，受到沙特阿拉伯各地区农民的好评。预计在未来七年内将达成畜牧业占比 50%（目前为 25%）、咖啡产量提高到 8 000 吨的目标。

客观而言，虽然沙特阿拉伯为高附加值农业发展做了必要的准备，成立了政府专管部门和农业研究中心，颁布了法律和扶持优惠政策，制定了发展计划，划拨了专项资金，但在实际操作方面缺乏经验，且必备的专业技术人员和相匹配的高新技术、设施、机械、种子、肥料等方面仍存在短板，这就为中沙两国开展高附加值农业合作创造了机遇。中沙两国可在以下方面展开广泛合作。

（一）改良农业生产基础

通过合作，中方帮助沙方以质量兴农、绿色兴农为主线，改良和提升农业产业体系、生产体系、经营体系，提高农业创新力、竞争力和全要素生产率，推进农村土地整治和高标准农田建设，加强农田水利建设、灌区配套与现代化改造，提高农业节水抗旱能力，深化农业科技成果转化及推广应用，稳步提升耕地质量，发展现代高效、高附加值农作物、畜禽、水产等，提升自主创新能力。同时优化农业从业者结构，加快建设知识型、技能型、创新型农业经营者队伍，发展数字农业、智慧农业，推进物联网试验示范和遥感技术应用。

合作推进农业绿色化、优质化、特色化、品牌化发展，调整优化农业生产力布局，推动农业由增产导向转为提质、高附加值导向。推行标准化生产，培育农产品品牌，保护和开发椰枣、骆驼奶等地理标志农产品。加强植物病虫害、动物疫病防控体系建设，优化养殖业空间布局，发展绿色生态健康养殖。统筹海洋渔业水产资源开发，建设现代化海洋渔场。完善农产品质量和食品安全标准体系，建立农业投入品和农产品质量安全追溯体系，健全农产品质量和食品安全监管体制。

（二）构建农村一二三产业融合发展体系

中方协助沙方开发农业多种功能，延长产业链、提升价值链、完善利益链，通过保底分红、股份合作、利润返还等多种形式，让农民合理分享全产业链增值收益。提升农产品加工技术含量和水平，通过企业兼并重组淘汰落后产能，使主产区农产品就地加工转化增值，解决农产品销售中的突出问题，加强农产品产后分级、包装、营销，建设现代化农产品冷链仓储物流体系，打造农产品销售公共服务平台，健全农产品产销稳定衔接机制。推动各类市场主体创新发展基于互联网的新型农业产业模式，开发休闲农业和乡村旅游精品工程，建设设施完备、功能多样的休闲观光园区、森林人家、康养基地、乡村民宿、特色小镇，发展乡村共享经济、创意农业、特色文化产业。

（三）构建农业对外开放新格局

中方协助沙方优化国内国外农业资源配置，着力节本增效，加大农产品综合治理力度，提高农产品国际竞争力，扩大高附加值农产品出口。结合沙特阿拉伯作为"一带一路"经济带重要节点、阿拉伯国家中唯一 G20 成员的地位，合作建立健全农业国际贸易政策体系，共同参与全球粮食安全治理和农业贸易规则制定，促进更加公平合理的农业国际贸易秩序形成。

（四）促进小农户和现代农业发展有机衔接

中方协助沙方统筹兼顾培育新型农业经营主体和扶持小农户，采取有针对性的措施，把小农生产引入现代农业发展轨道，培育各类专业化、市场化服务组织，推进农业生产全程社会化服务，帮助小农户节本增效，发展多样化的联合与合作，提升小农户组织化程度，发挥新型农业经营主体带动作用，打造区域公用品牌，开展农超对接、农社对接，帮助小农户对接市场，扶持小农户发展生态农业、设施农业、体验农业、定制农业，提高产品档次和附加值，拓展增收空间，改善小农户生产设施条件，提升小农户抗风险能力。

三、合作发展存储业、冷链物流

沙特阿拉伯政府十分重视发展本国的农畜产品存储业，并在中沙高级别联合委员会上主动提出希望加强两国在此领域的合作。这主要基于两方面原因：一是战略储备考虑。为保护本国紧张的水资源，沙特阿拉伯不得不对本国农业发展进行限制和引导，这使得沙特阿拉伯市场上的农产品大多来自境外。在粮食主要依靠进口的情况下，粮食存储业的战略地位得到凸显。沙特阿拉伯希望大力发展粮食存储以应对不时之需，维护本国稳定。二是便利农畜产品贸易。由于沙特阿拉伯农畜产品进口主要依赖海运，并且集中于西部吉达港，因此急需发展农畜产品储存、冷链物流等产业，以进一步便利农畜产品贸易，惠及本国人民。

四、合作发展水产养殖业

水产养殖是沙特阿拉伯政府重点吸引外资的九大产业之一，目前已经有一些沙特阿拉伯企业与中国企业开展水产养殖项目合作。沙特阿拉伯东临波斯湾，西临红海，拥有相当长的海岸线，自然条件好、日照足、水温高、灾害少、无污染，非常有利于水产养殖发展。沙特阿拉伯水产品需求量大，养殖前景好，政府也鼓励民间投资大力发展水产养殖。海水养殖业是沙特阿拉伯发展最快的农业产业，在其 2016 年的农业计划中，未来 15 年内将有 300 亿沙特里亚尔投入该产业，2026 年前将在红海和波斯湾沿岸建设 42 个渔港，发展海洋蓝色农业。

沙特阿拉伯环境、水和农业部 2016 年出台国家水产发展规划，旨在鼓励、吸引外商投资建设和完善孵化场、饲料厂、加工厂等配套基础设施，以期确保水产养殖达到"沙特阿拉伯 2030 愿景"设定的每年 60 万吨的生产目标，即在 2020 年产量 10 万吨的基础上，实现水产养殖年产再增加 50 万吨，最终把渔业打造成具有核心竞争力的本国特色产业。据沙特阿拉伯有关部门披露，沙特阿拉伯水产养殖业具有年产高达 500 万吨（包括鱼类、壳类、贝类、藻类等）的养殖开发空间。2018 年，沙特阿拉伯水产养殖生产量为 6 万吨，2020 年达到 10 万吨规模。沙特阿拉伯得天独厚的水产养殖潜能，可能成为中国水产养殖业难得的机遇。

五、探索农产品深加工及健康食品研发合作

沙特阿拉伯食品消费的 80％来自进口。2013 年沙特阿拉伯食品与农产品进口比上年增长 8％，达 190 亿美元。其中食品进口达 175 亿美元，占进口总量的 92％，而加工食品占整个食品与农产品进口的 46％。沙特阿拉伯对软饮料、果汁饮料、早餐谷类食品、包装类食品、保健品、纯天然食品、有机瓜果蔬菜、食用油、蛋糕、饼干等的需求快速增长，已经成为海湾地区最大的食品和饮料消费市场。加工食品需求旺盛推动了当地食品加工业快速发展。但是由

于沙特阿拉伯食品加工技术相对比较落后，加工原料又依赖进口，这对食品加工业的发展带来了一定的影响。从沙特阿拉伯加工食品市场需求来看，美国和欧盟是中国食品出口沙特阿拉伯的主要竞争者。

如前文所述，消费需求多样化是沙特阿拉伯食品消费的特征。同时，全球化以及沙特阿拉伯的石油财富也使得该国的饮食结构和生活方式发生了很大改变。据沙特阿拉伯卫生部专家 2013 年的抽样调查，沙特阿拉伯人口肥胖症患病率为 28.7%。2015 年，沙特阿拉伯 20～79 岁人口的糖尿病患病率为 20%。但近年来，消费者的健康意识在逐渐加强，健康食品在沙特阿拉伯也越来越受欢迎。据有关报导，海合会成员国的有机食品市场价值达 2 200 亿美元，其中沙特阿拉伯就占 90%，其有机食品的需求量逐年增加。

鉴于沙特阿拉伯农产品加工技术相对落后和消费需求多样化、健康食品需求增强之间的矛盾，中国可充分利用在食品精加工技术方面的比较优势，与沙方开展农产品精深加工和健康产品研发合作，推动沙特阿拉伯食品加工业稳步发展，实现中沙合作的互利共赢。

六、探索农业人力资源开发合作

通过加强人员互访、短期培训等方式加强中沙人员往来，交流农业生产及管理经验。中国可邀请沙特阿拉伯农业官员和技术人员来华参加培训，中国农业专家和农技推广人员也可以去沙特阿拉伯帮助该国培养农业人才，提升当地农民教育培训水平。

七、合作开发乡村旅游产业

国际上乡村旅游一般分为三大类：第一类是"文化和历史古迹游"，主要是参观文化和历史遗址；第二类是"自然旅游"，包括户外越野、植物和动物观赏等；第三类是"农业旅游"，主要为参观农场、体验农业活动、学习农业知识，并且可在乡下逗留。乡村旅游业在促进乡村经济发展方面发挥着关键作用，具有可持续的特点，深受广大游客欢迎。但沙特阿拉伯的乡村旅游业尚在起步阶段，通过合作，中国可以自己成熟的旅游发展经验、丰富的旅游资源和产品，帮助沙特阿拉伯推动乡村旅游发展。

（一）沙特阿拉伯乡村旅游产业开发前景

近年来，作为石油王国的沙特阿拉伯不断面临新的挑战，期望借助"沙特阿拉伯 2030 愿景"的实施摆脱对石油收入的过度依赖，发展旅游业也被列入计划。根据"沙特阿拉伯 2030 愿景"，旅游业的目标之一是使旅客数量达到 1 亿人次。为了实现这一目标，沙特阿拉伯农业发展基金和旅游局签订了一项协定，为新型乡村旅游发展开辟了广阔的前景。盖西姆、哈萨、麦地那等地区的土地，除了部分用于椰枣种植外，多数仍处于闲置状态，开发潜力巨大。新签署的协议旨在将椰枣种植园及其配套设施与乡村旅游结合起来，打造秀丽且壮观的旅游景点，使游客远离大城市的喧嚣和拥堵，在一片安静、绿色的休闲放松空间中，度过一段轻松愉快的时光，既可增加乡村的活力，为农业增添新动能，也可为农民创造新的致富途径。对盖西姆地区的一项调查表明，该地区有 500 多万棵椰枣树，两树之间的距离为 5 米，树干可高达数十米，枝繁叶茂的椰枣林形成一片清爽的阴凉区域，加上随机井喷涌而出的潺潺清流，在每年炎热的 7—8 月，椰枣林成为家家户户消暑度假的向往之地。7—8 月也是一年一度椰枣成熟采摘的季节，仅盖西姆地区就有成千上万赶来采摘椰枣的雇员，在给拥有许多棕榈树的家庭带来可观的收入的同时，也创造了许多就业机会。农业专家预计，盖西姆地区的椰枣节将带动沙特阿拉伯椰枣种植园的乡村旅游投资。沙特阿拉伯农业发展基金和旅游局签订的协议，将支持乡村旅游的投资开发。据盖西姆行政区投资司透露：沙特阿拉伯乡村旅游作为投资开发蓝海，目前仍处于起步阶段，如何充分利用乡间椰枣种植园吸引乡村旅游投资，如何开展乡村旅游，特别是如何将田地、种植园与适合旅游度假的农舍相结合，为游客度假生活提供基本保障条件，需要进一步探讨，争取使盖西姆、利雅得、麦地那、北部边境、焦夫和哈伊勒地区，沿着贯通阿拉伯半岛的国际高速公路，形成乡村旅游带，使舒适美丽的椰枣园成为乡村地区农民发家致富的宝藏。

（二）中沙合作发展乡村旅游的条件和基础

"沙特阿拉伯 2030 愿景"作为一幅社会经济发展蓝图，计划将未来的沙特阿拉伯建设成一个多样化且可持续发展的经济体。作为阿拉伯文化的发源地，沙特阿拉伯拥有丰富的自然资源和文化遗产，可为游客提供无与伦比的奇妙体验。旅游业被确定为沙特阿拉伯关键战略产业之一，旅游业的发展，不但可创造就业机会，而且可推动经济增长，提高本国公民的生活品质和外国游客的旅行体验，既能保护生态环境，又能结合传统畜牧业和种植业激活当地社区经济，前景广阔。

沙特阿拉伯气候炎热，学校每年暑假长达 90 天，相比其他国家而言，学生们的假期活动选择有限，仅有的夏季俱乐部活动单一、乏味，难以吸引年轻人，于是许多有乡村背景的城市居民往往会选择带着子女一起回乡村度假。他们远离大城市的喧闹和拥挤，在乡村找一个自由安静的地方安营扎寨，享受田园风光。有时他们也会联络一些亲朋好友一同前往，住在乡间，徒步穿行在乡间的泥沙路上，闻着乡土气息，寻觅曾经的居所，回顾童年的生活趣事，流连忘返。家长也期望让孩子们通过乡村旅游了解父辈们的生活和文化，了解当时生活的艰辛和困苦。沙特阿拉伯 80％以上的人口居住在城市地区，乡村地区约有 1 万个景点对游客具有吸引力，其中许多历史遗址已被列入联合国教科文组织的世界遗产名录，如欧拉石谷遗址。乡村旅游发展潜力巨大。

2019 年全球旅游业经济增长 3.9％，就业人数达到 3.19 亿人。沙特阿拉伯也制定了雄心勃勃的目标和充满希望的旅游产业计划，并期望通过这些计划，每年吸引 1 亿人次的游客，到 2030 年创造 100 万个新的就业岗位。为了达成这个目标，沙特阿拉伯旅游局制定了全面的战略，计划建立 15 个优先级旅游景点，并将其进一步细分为乡村休闲度假、国际会展和朝觐旅行三种类型，以拉动旅行人数增长、提升旅游消费，并为沙特阿拉伯打造一批驰名海外的旅游目的地。

据 2019 年 4 月 17 日沙特阿拉伯主流媒体《阿拉伯新闻报》报道，沙特阿拉伯旅游和国家遗产委员会宣布将和财政部合作，为全国 33 个新的旅游项目提供贷款资助，总额 11 亿沙特里亚尔。两机构联合委员会还在研究对另外 6 个项目予以总额 7 100 万沙特里亚尔的资助。

自 20 世纪下半叶"乡村振兴"一词出现以来，开发乡村旅游产业便具有了市场需求和发展空间，各种各样、各具特色的乡村旅游产品开始如雨后春笋般兴起，在中国，结合设施农业出现了红红火火的田园采摘、农家乐等乡村旅游形式。在沙特阿拉伯大力推进乡村旅游业发展的背景下，中国可结合自身优势，与沙方展开积极合作，助推沙特阿拉伯乡村旅游业发展。

（三）沙特阿拉伯景色独特、深具开发潜力的乡村旅游景点

（1）盖西姆。盖西姆地区将 4 000 家椰枣园改为乡村旅游景点，特别是在沙特阿拉伯暂停种植小麦等高耗水的农作物之后，乡村旅游成为农场所有者增加收入的来源。沙特阿拉伯旅游局与农业发展基金合作，以农业贷款方式支持盖西姆地区成为乡村旅游发展示范区。如泽尼迪（Zenidi）农场，以经营乡村旅游而闻名。农场将用古老的泥砖砌成的农舍等农业设施加以改装，然后装配必要的现代生活用具，为游客提供便利舒适的生活环境。将旅游和各种农业活动相结合，游客可体验喂牛、养羊、骑马、钓鱼，农场内还有鸡舍鸭塘、蜂箱、椰枣林、苜蓿草，潺潺溪流两边鲜花朵朵、蝴蝶翩翩，营造出惬意安静的田园生活环境。农场内建有 10 座木质结构别墅，每天租金 1 500 沙特里亚尔，家长在闲暇之时，可以带着孩子们一起来这里，在田里体验各种农业劳作，享受田园生活。

（2）鲁卜哈利沙漠。地名意为空旷的四分之一，因沙漠面积占据阿拉伯半岛约 1/4 而得名，整个沙漠覆盖了沙特阿拉伯首都利雅得、麦加和阿西尔地区以及大部分阿曼、阿联酋、也门领土，面积约 65 万平方千米，超过荷兰、比利时和法国面积的总和。

鲁卜哈利沙漠又称"阿拉伯大沙漠"，呈东北-西南走向，长 1 200 千米，宽约 640 千米，沙子因富含氧化铁而多呈红色。鲁卜哈利沙漠从形态上大体可分为东西两大沙漠，其中东部沙漠海拔 100～200 米，多为平行排列的大沙丘，有些沙丘高 300 米，长 20 千米，近乎一座沙山。在地下水位较高处，有局部绿洲，形成良好的牧场。西部沙漠海拔 100～500 米，多为砾漠，沙丘间沼泽、盐湖广布。

鲁卜哈利沙漠也是世界上最大的流动沙漠，其沙丘的移动主要由季风引起，并且由于风向和主流风的差异，沙漠的沙丘被分成 3 个类型区，即东北部新月形沙丘区、东缘和南缘星状沙丘区和整个西半部线形沙丘区。

（3）德拉伊耶遗址。该遗址位于首都利雅得西北部阿图赖夫区，是现代沙特阿拉伯第一王朝首府，始建于 15 世纪。在这里仍然可以看到阿拉伯半岛中部内志地区特有的建筑风格。18 世纪至 19 世纪初，随着沙特阿拉伯王朝推动的瓦哈比运动的发展，阿图赖夫区的城堡成为沙特阿拉伯王朝的权力中心和瓦哈比运动的活动中心。该遗址具有重要的历史文化价值，对了解当时人们的生

活和习惯提供了重要参考依据。

（4）哈巴拉。意为绳索，这是一座通过绳索悬挂攀爬出行的山寨，建立在千米高悬崖的顶部，当初居住在这里的村民，日常出行要通过系在铁索上的绳索滑行出入。哈巴拉山寨位于阿布哈市郊区，距离市区 40 千米，是沙特阿拉伯境内第一个用缆车作为交通工具的旅游景点，现已成为沙特阿拉伯境内一处绝佳的乡村旅游目的地，美丽的山寨内一排排僻静的房屋深受旅游者青睐。游客不但可以观赏村落房间门廊上精美的雕刻，还可俯瞰整个山谷的自然美景和悬崖下错落有致的梯田。

（5）欧拉石谷遗址。部分位于距沙特阿拉伯西北部麦地那行政区欧拉县 20 千米处，另一部分坐落于约旦佩特拉城南部。约旦将其称为玛甸沙勒，是阿拉伯语音译，意为萨利赫先知部族的城邦，也是纳巴泰第二王朝的首都，是纳巴泰文明独一无二的证明。

该遗址由大大小小 300 多个石屋、石寨、庙殿组成，包括 111 座巨大石墓，其中 94 座雕刻有精美纹饰的石墓。除此之外，当地还发掘出多处水井遗址和祭坛、少许用土坯制成的建筑物，构成城邦的生活居住区和祭祀场所，体现了纳巴泰文明的建筑成就和纳巴泰文明之前就已存在的水利技术。

欧拉石谷遗址 2008 年被联合国教科文组织列入世界遗产名录，是沙特阿拉伯第一个被列入世界遗产名录的文明遗产，成为沙特阿拉伯和约旦最著名的旅游和考古点。

（6）塔伊夫山城。该山城位于沙特阿拉伯西部赛拉特山区中段，海拔 1 682 米，面积 175 平方千米，人口约 39 万，距吉达 160 千米，离圣城麦加 88 千米，气候温和，夏季平均气温 20～32℃，冬季平均气温 10～22℃，是沙特阿拉伯避暑胜地，素有沙特阿拉伯"夏都"之称。

塔伊夫是一座历史名城，据历史学家考证，5 000 年前塔伊夫山谷已有人居住。历史上米赫拉希、阿马莱克、塔木德、塔基夫等部落曾在此生息。其中前三个部落已经消亡，只剩下塔基夫部落繁衍至今。塔伊夫保存着不少古代遗迹，其中有奥斯曼帝国时期构筑的城堡、军事要塞等。

塔伊夫由于气候适宜、地下水充足、灌溉网络完善、土壤资源肥沃，历史上就是阿拉伯国家著名的农业区，现在也是沙特阿拉伯主要的农作物和畜牧业中心，盛产玫瑰和牛油果。通过传统蒸馏技术将花瓣制成玫瑰水的生产工艺更是有百年历史，在阿拉伯国家中闻名遐迩。

西方旅行家杜太将塔伊夫称赞为麦加的伊甸园，这里空气清新，流水潺潺，遍布椰枣园、玫瑰园、葡萄园和苹果园。优美的自然环境和良好的气候条件使塔伊夫成为沙特阿拉伯重要的旅游胜地，民间流传着"在麦加过冬、在吉达赏春、在塔伊夫消夏"的说法。

（7）巴哈古城。巴哈古城是沙特阿拉伯最吸引游客的城市之一。这座被称为"东方瑞士"的美丽城池，具有迷人的特质，拥有 40 多个青翠茂密的森林，有从海拔高耸的山脉中飞流直下的瀑布，加上秀丽壮观的山谷和沿着山坡耕作的错落有序的梯田，构成美妙的旅游景色。其中，迪艾因古村是巴哈古城最重要的旅游胜地，它是一座建在山顶上的古老山村，由 312 座房屋和一座小清真寺组成。这个古村的房屋由两层到七层不等，全部用石块砌成，屋顶由杜松木搭建而成，阳台上摆放石膏雕塑。

第三节　关于加强中沙农业合作的建议

2007 年中央 1 号文件首次提出农业要实施"走出去"战略，中国农业"走出去"发展步伐不断加快。尤其是"一带一路"倡议的推进和相关政策措施的出台，使中国农业领域双向开放不断加深，不仅农产品进口持续增加，农业企业赴海外投资亦成为新的开放趋势。例如，继不断加强与拉美国家在农业领域的合作后，中国在非洲国家的农业投资也呈现多样化格局，一些大型农业企业在坦桑尼亚、塞内加尔和赞比亚等国投资了规模较大的种植园，一部分供应当地市场，另一部分输送回中国。与此同时，中国农业大省山东，已与吉尔吉斯斯坦、塔吉克斯坦、哈萨克斯坦等多个"一带一路"沿线国家签订协议，在农业领域开展技术双向转移、转化，发展前景广阔。中国农业"走出去"，不仅规模在扩大，而且合作模式、合作内容也在不断创新。

应该说，目前中国农业"走出去"迎来了难得的发展机遇，尤其在"一带一路"倡议下，农业国际合作成为沿线国家打造利益共同体和命运共同体的重要结合点之一。在这种大背景下，我们要积极推动农业"走出去"，这对加快发展现代农业、提高农业质量效益和国际竞争力，都具有重要的战略意义和促进作用。相信，未来中国会有更多的农业企业走上国际舞台，不仅"走出去"，而且"引进来"，不断开拓国际农业合作新局面。现就如何提升和加强中沙农业合作提出建议如下。

一、完善政府层面促进农业合作机制

中沙两国农业部门应在现有司局级农业合作机制基础上，定期举行会议，制定农业交流与合作计划，推动和拓展农业合作项目。在条件成熟的情况下，可将中沙农业合作司局级机制提升为中国-沙特阿拉伯高级别联合委员会下的农业委员会，全面推进中沙农业合作。

二、发挥优势，提升合作质量和水平

沙特阿拉伯农业发展政策的转变期，亦是中沙农业合作的窗口期和机遇期。中方应积极利用在旱作种植、节水农业、土地沙漠化防治与利用、水产养殖、清真食品加工、设施农业建设、植物病虫害防治、农业信息化等方面的优势和积累的丰富经验，推动中沙农业合作迈入新时代。一方面，中方可以把国内业已成熟的高附加值或有节水功能的有机农业、设施农业、水产养殖业、畜牧家禽养殖业、粮食冷链物流及存储业、食品加工业等产业通过合作在沙特阿拉伯进行转移转化；另一方面，中方可以向沙方学习海外拓展农业的经验，使中国农业"走出去""引进来"少走弯路。中方可以探索和沙特阿拉伯合作开拓海外农业的模式，特别是在非洲和中亚地区，大力发展商品性农业产业和相关产业群。

附表 1　沙特阿拉伯政府机构针对各种
进口产品特别要求的证书

产品	证书名称	证明内容	目的	主管机构或组织
家畜	1. 健康证明	牲畜无病，接受了所有必要的疫苗接种，并符合沙特阿拉伯所有动物检疫法规	保证动物健康	环境、水和农业部（MEWA）
	2. 家谱证书	如果是为繁殖目的而进口的动物，则须证明动物符合进口商的动物品种质量要求	确定动物的家谱记录	进口商
	3. 动物健康报告	有关动物健康的最新报告	确认从离开出口国港口到到达沙特阿拉伯港口的动物健康状况信息	环境、水和农业部（MEWA）
牛肉，禽肉及制品	1. 健康证明	畜禽没有疾病，其肉适合人类食用	保障食品安全	食品药品监督管理局（SFDA）
	2. HALAL 证书	在官方许可的屠宰场内进行屠宰，并且符合伊斯兰教屠宰程序	确保屠宰方式符合伊斯兰教教法规定	食品药品监督管理局（SFDA）
	3. 无动物蛋白饲料证书	由美国农业部食品安全检验局（FSIS）下发，确认宰杀的牛或家禽未饲喂含有加工过的动物蛋白的饲料	确保产品是符合伊斯兰宗教信仰的清真食品	食品药品监督管理局（SFDA）
	4. 家禽非击晕证书	家禽在屠宰过程中未被击晕	确保产品是符合伊斯兰宗教信仰的清真食品	食品药品监督管理局（SFDA）
鱼和海鲜	健康证明	鱼和海鲜产品符合所有指定的沙特阿拉伯卫生认证要求	保障食品安全	食品药品监督管理局（SFDA）
水果和蔬菜	植物检疫证书	产品已按照官方程序进行了检查和测试，确认不含进口国认定的检疫性有害生物	保障食品安全	食品药品监督管理局（SFDA）
加工食品	1. 健康证明	出口产品是在符合出口国卫生和健康法律并适合人类食用的条件下加工或制造的	保障食品安全	食品药品监督管理局（SFDA）

（续）

产品	证书名称	证明内容	目的	主管机构或组织
加工食品	2. 生物技术健康证书（如果加工食品中生物技术含量超过 1%）	出口到沙特阿拉伯的生物技术加工食品必须在原产国获得可食用的批准。每批货物必须附有主管政府机构签发的健康证明，证明食品中使用的生物技术已在原产国批准用于人类消费	保障食品安全	食品药品监督管理局（SFDA）
	3. 新型食品自由销售证明	该产品及其成分符合沙特阿拉伯《新型食品通用要求技术法规草案》规定或在任一欧盟国家自由销售	保障食品安全	食品药品监督管理局（SFDA）
奶制品	1. 健康证明	产品不含有害污染物，适合人类食用	保障食品安全	食品药品监督管理局（SFDA）
	2. 兽医证书	牛奶来自尚未正式鉴定出疯牛病的牛，牛群也未饲喂反刍动物的蛋白质	保障食品安全	食品药品监督管理局（SFDA）
鸡蛋和蛋制品	健康证明	加工蛋制品杀灭了所有病原体，尤其是沙门氏菌；在加工前后，产品均已进行了防污染处理；鸡蛋产品已在官方卫生监督下的机构内加工；蛋制品符合进口国或有关污染物（例如二噁英，农药，兽药等）残留的国际标准	保障食品安全	食品药品监督管理局（SFDA）
种子	1. 植物检疫证书	产品已按照官方程序进行了检查和测试，确认不含进口国认定的检疫性有害生物	确保进行植物检疫	环境、水和农业部（MEWA）
	2. 种子分析证书	种子按照国际种子检验协会规则进行测试，不含昆虫、杂草种子，无疾病	保证种子品质	环境、水和农业部（MEWA）和进口商
	3. 生物技术健康证书（如果种植种子中的生物技术含量超过 1%）	出口到沙特阿拉伯的转基因种子必须在原产国获得种植种子的批准。每批货物必须附有主管政府机构签发的健康证明，证明种子生产中使用的生物技术已在原产国批准用于种植种子	保障食品安全与关注生物多样性	环境、水和农业部（MEWA）

（续）

产品	证书名称	证明内容	目的	主管机构或组织
谷物和饲料	1. 植物检疫证书	产品已按照官方程序进行了检查和测试，确认不含进口国认定的检疫性有害生物	确保进行植物检疫	环境、水和农业部（MEWA）
	2. 谷物分析证书	进口谷物符合进口商的质量要求	保证谷物品质	环境、水和农业部（MEWA），沙特阿拉伯谷物组织等进口商
	3. 重量证明书或装箱单	提供有关货件的编号和其他重要信息	加快通关	沙特阿拉伯谷物组织等进口商
	4. 熏蒸证书	在指定日期熏蒸了规定数量和类型的出口谷物	保证谷物品质	环境、水和农业部（MEWA）和沙特阿拉伯谷物组织
	5. 生物技术健康证书（如果谷物和饲料中的生物技术含量超过1%）	出口到沙特阿拉伯的转基因谷物和饲料必须在原产国获得人类或动物消费的批准。每批货物必须附有主管政府机构签发的健康证明，证明谷物生产中使用的生物技术已在原产国获准用于人类或动物食用	保障食品安全	环境、水和农业部（MEWA）
林产品	国际合格认证	货物已经过实验室测试，并符合沙特阿拉伯有关标准	保证产品质量	食品药品监督管理局（SFDA）

资料来源：沙特阿拉伯食品药品监督管理局，https：//www.sfda.gov.sa；沙特阿拉伯环境、水和农业部，https：//www.mewa.gov.sa；沙特阿拉伯农业和畜牧业投资公司，https：//www.salic.com；沙特阿拉伯谷物组织，https：//www.sago.gov.sa；海湾阿拉伯国家合作委员会标准化组织，https：//www.gso.org.sa。

附表 2　沙特阿拉伯历年颁发的农业法律法规、政策及实施条例目录

1	化学物品安全使用及化学物品安全证发放条例
2	水厂监管规定
3	1429 号中水利用指南
4	污水处理厂设计指南
5	沙特阿拉伯环境、水和农业部公共就业合同授予程序及后续执行督导的组织指南
6	海洋和海岸环境管理实施条例
7	陆地菌类采摘实施条例
8	关于发现违法行为和施加处罚的实施条例
9	海湾阿拉伯国家合作委员会国家亲本种子与杂交种子法实施条例
10	关于菌类产品交易的实施条例
11	关于环境系统证照及环保服务相关收费实施条例
12	防噪声实施条例
13	易燃物违法焚烧惩罚实施条例
14	环境服务提供者资格认定实施条例
15	预防和处理土壤污染实施条例
16	经处理废水及其再利用法实施条例
17	粮食和农业植物遗传资源管理法实施条例
18	沙特阿拉伯领海水生生物资源保护、投资和捕捞法实施条例
19	氯气安全处理技术条例
20	水设施违规使用条例
21	2021 水管理系统实施条例规定的水质标准
22	国际椰枣理事会基本章程
23	沙特阿拉伯环境保护法
24	地产开发商环保工作机制
25	绿色饲料禁止种植实施工作机制
26	沙特阿拉伯有机农业协会章程
27	沙特阿拉伯政府机构环境保护规章制度、实施条例等文件一览表
28	生产工作区域交通管控手册
29	开设私营兽医实验室许可证颁发条件

（续）

30	宠物出口条件
31	地下水使用条件与管控条例
32	为水产养殖目的进口鱼类的管控条例
33	水产养殖管控条例
34	海湾阿拉伯国家合作委员会国家肥料和农业土壤改良法
35	海湾阿拉伯国家合作委员会国家动物补贴法
36	海湾阿拉伯国家合作委员会国家农药法
37	沙特阿拉伯动物补贴法和条例
38	海湾阿拉伯国家合作委员会国家亲本种子与杂交种子法
39	水利和排水工程挖掘安全程序条例
40	水厂许可证申请要求与条件相关条例
41	环境修复条例
42	各种活动举办和运营许可证发放条例
43	海湾阿拉伯国家合作委员会国家兽医免疫法规
44	沙特阿拉伯饲料法
45	沙特阿拉伯海域海洋科学研究法
46	粮食和农业植物遗传资源管理法
47	沙特阿拉伯1424号畜牧业资源法
48	沙特阿拉伯畜牧业制度和实施条例
49	沙特阿拉伯有机农业制度
50	水源保护法
51	沙特阿拉伯海域法
52	海水淡化总局第1394号条例
53	水务法
54	蜜蜂养殖法
55	荒地分配法
56	农业发展基金章程
57	沙特阿拉伯领海生物资源保护、投资和捕捞法
58	海湾阿拉伯国家合作委员会国家兽医职业从业法
59	沙特阿拉伯国家兽医职业从业法修正案
60	经处理废水及其再利用法
61	海湾阿拉伯国家合作委员会国家免疫法

参考文献

References

2018. 中国—阿拉伯国家合作论坛 2018 年至 2020 年行动执行计划［EB/OL］. http：//www. chinaarabcf. org/chn/lthyjwx/bzjhywj/dbjbzjhy/201807/t20180713_6836929. htm.

2020. 沙特阿拉伯人口与住房普查及其特征 2020［M/OL］. （01 - 15）. https：//www. stats. gov. sa.

白春礼，2013. 祝贺"中沙椰枣基因组"研究取得成果［J/OL］. 中国科学院北京分院院刊. http：//www. bjb. cas. cn/fyyk/201311/P020131120562540321837. pdf.

高浚生，潘越，2017. 利雅得水资源管理的经验与启示［J］. 前线（3）：84 - 88.

李国强，2018. 20 世纪 70 年代到 21 世纪初期沙特阿拉伯"小麦自给"政策评析［J］. 农业考古（6）：233 - 245.

穆罕默德·希拉里，2019. 沙特阿拉伯 2018 年发放 194 张家禽养殖执照评析［EB/OL］. （02 - 17）. https：//www. aleqt. com/2019/02/17/article_1544071. html.

沙特阿拉伯统计局，2019. 沙特阿拉伯 GDP、人均 GDP 及增长率数据统计表［EB/OL］. http：//www. data. chinabaogao. com.

张林平，2002. 沙特、埃及沙漠农业及生态建设的经验［J］. 世界农业.

商务部，2021. 对外投资合作国别（地区）指南——沙特阿拉伯（2021 年版）［M/OL］. （06 - 15）. http：//www. sa. mofcom. gov. cn/index. shtml.

粟若杨，郭静利，2016. 中国和沙特阿拉伯农业重点合作领域前景分析［J］. 农业展望（8）：67 - 71.

一带一路数据库，2017. 沙特阿拉伯渔业概况［EB/OL］.［2022 - 05 - 14］. https：//www. fao. org/fishery/en/countrysector/sa/zh.

于军，2010. 中沙椰枣基因组叶绿体分析完成［EB/OL］. https：//www. paper. sciencenet. cn/htmlpaper/201092611225870112443. shtm.

翟大宇，2015. "一带一路"背景下中国与海合会自由贸易协定前景研究［EB/OL］. （09 - 29）. http：//www. sic. gov. cn/News/455/5291. htm.

赵玉敏，唐静，2013. 沙特阿拉伯农业"走出去"的经验与启示［J］. 国际经济合作（2）：169 -

181.

中国地理信息产业协会，2015. 北斗导航系统在农业领域的应用展望［EB/OL］.（05 - 27）. https：//m. chinaunsv. com/html/2015/proTech_0527/9416. html.

中华人民共和国驻沙特阿拉伯王国大使馆经济商务处，2018. 沙特阿拉伯农业发展三大重点方向——沙特阿拉伯产业系列调研之十［EB/OL］.（08 - 22）. http：//sa. mofcom. gov. cn/article/ztdy/201808/20180802778225. shtml.

中华人民共和国驻沙特阿拉伯王国大使馆经济商务处，2019. 沙特阿拉伯非资源类产品对华出口情况［EB/OL］.（01 - 31）. http：//sa. mofcom. gov. cn/article/ztdy/202004/20200402952508. shtml.

中华人民共和国驻沙特阿拉伯王国大使馆经济商务处，2019. 沙特阿拉伯奶制品产业发展现状及输华潜力［EB/OL］.（07 - 15）. http：//sa. mofcom. gov. cn/article/ztdy/202004/20200402952509. shtml.

中华人民共和国驻沙特阿拉伯王国大使馆经济商务处，2020. 沙特阿拉伯国家发展基金会批准新农业发展五年规划［EB/OL］.（06 - 30）. http：//sa. mofcom. gov. cn/article/jmxw/202007/20200702981183. shtml.

中华人民共和国驻沙特阿拉伯王国大使馆，2019. 沙特阿拉伯国家概况［EB/OL］.（04 - 17）. https：//www. mfa. gov. cn/ce/cesa//chn/stgk/t1655189. htm.

2019. The Embassy of the Kingdom of Saudi Arabia in Washington，DC，Agriculture ＆Water ［EB/OL］. https：//www. saudiembassy. net/agriculture - water.

Alotaibi B A，Kassem H S，Al‐Zaidi A，et al. ，2020. Farmers' Awareness of Agri‐Environmental Legislation in Saudi Arabia ［J］. Land Use Policy，9（9）：104902.

Alotaibi Z S，Khonkar H I，Alamoudi A O，et al. ，2020. Current Status and Future Perspectives for Localizing the Solar Photovoltaic Industry in the Kingdom of Saudi Arabia ［J］. Energy Transitions，4（1）：1 - 9.

Alyahya S，Irfan M A，2016. The Techno‐Economic Potential of Saudi Arabia's Solar Industry ［J］. Renewable and Sustainable Energy Reviews，5（5）：697 - 702.

Arani，Kajenthira，Grindle，et al. ，2015. Food Security Amidst Water Scarcity：Insights on Sustainable Food Production from Saudi Arabia ［J］. Sustainable Production ＆ Consumption （2）：67 - 78.

Baig M B，Alotibi Y，Straquadine G S，et al. ，2020. Water Resources in the Kingdom of Saudi Arabia：Challenges and Strategies for Improvement ［M］. 135 - 160.

Calvert K，Pearce J M，Mabee W E，2013. Toward Renewable Energy Geo‐Information Infrastructures：Applications of GIScience and Remote Sensing that Build Institutional Capacity - Science Direct ［J］. Renewable and Sustainable Energy Reviews，18（2）：416 - 429.

Elie Elhadj, 2004. Camels Don't fly, Desert Don't Bloom: An Assessment of Subsidiary's Experiment in Desert Agriculture [J/OL]. https://www.academia.edu/20036612/.

FAO, 2017. Saudi Arabia: Summary of the FAO Country Programming Framework for Kingdom of Saudi Arabia (2012 – 2016) [EB/OL]. https://www.fao.org/publications/card/en/c/.

FAO, 2017. Saudi Arabia and FAO, Partnering for Strengthened Food Security and Sustainable Agricultural and Rural Development [R/OL]. https://www.fao.org/documents/card/zh/c/.

FAO, 2018. Review of Agricultural Trade Policies in the Post – Soviet Countries (2017 – 2018) [R/OL]. https://www.fao.org/publications/card/en/c/CA0879EN/.

FAO, 2019. Near East and North Africa Regional Overview of Food Security and Nutrition [R/OL]. https://www.fao.org/3/ca3817en/CA3817EN.pdf.

FAO, 2019. OECD – FAO Agricultural Outlook 2020 – 2029 [R/OL]. https://www.oecd – ilibrary.org/sites/1112c23b – en/index.html? itemId＝/content/publication/1112c23b – en.

Fitch Solutions, 2020. Saudi Agribusiness Report Q1 [R/OL]. www.fitchsolutions.com.

Ghulam Hussain, 1999. Wastewater Quality and Its Reuse in Agriculture in Saudi Arabia [J/OL]. Desalination, Volume 123, Issues 2 – 3. https://www.sciencedirect.com/science/article/abs/pii/.

Ibrahim Soliman, 2004. A Model for the Appraisal of the Environmental Impacts of the Environmental [J/OL]. Ag Econch. https://ageconsearch.umn.edu/record/256171/.

IFAD, 2019. USSABC Economic Brief: U.S. – Saudi Trade Relationship Update 2019 Rural Development Report [R/OL]. https://www.ifad.org/en/w/member/saudi – arabia.

ILO, 2017. ILO Survey Report on the National Initiatives to Promote Quality Apprenticeships in G20 Countries [M/OL]. International Labour Organization. https://www.ilo.org/employment/Whatwedo/Publications/WCMS_633677/lang—en/index.htm.

Jaber L S, Diehl K E, Hamadeh S K, 2016. Livestock and Food Security in the Arab Region: Policy Framework [J]. Food Security (5): 1 – 10.

Al – Zahrani K H, Aldosari F O, Baig M B, et al., 2018. Assessing the Competencies and Training Needs of Agricultural Extension Workers in Saudi Arabia [J]. Journal of Agricultural Science & Technology, 19 (1): 33 – 46.

Lina S Jaber, Katharina E Diehl, Shadi K Hamadeh, 2016. Livestock and Food Security in the Arab Region: Policy framework [J]. Food Sec (8): 899 – 908.

M M AL – Otaibi, R K Robinson, 2002. The Dairy Industry in Saudi Arabia: Current Situation and Future Prospects [M]. School of Food Bio – sciences, The University of Reading, PG6 6AP, UK.

Martis R, Al – Othman A, Tawalbeh M, et al., 2020. Energy and Economic Analysis of Date

Palm Biomass Feedstock for Biofuel Production in UAE: Pyrolysis, Gasification and Fermentation [J]. Energies. (22): 5877.

Mosly I, Makki A A, 2018. Current Status and Willingness to Adopt Renewable Energy Technologies in Saudi Arabia [J]. Sustainability, 10 (11): 4269.

Napoli C, Wise B, Wogan D, et al., 2018. Policy Options for Reducing Water for Agriculture in Saudi Arabia [M]. Assessing Global Water Mega trends: 211 - 230.

Ndm A, Ira B, Nib A, 2020. Public Acceptability of Treated Wastewater Reuse in Saudi Arabia, 2019. Implications for Water Management Policy [J]. Science of The Total Environment, 7 (21): 137 - 659.

Omar K M O, Ahmad S, Tareq A, et al., 2013. Review of Domestic Water Conservation Practices in Saudi Arabia [J]. Applied Water Science (3 - 4): 689 - 699.

Ouda O, 2014. Impacts of Agricultural Policy on Irrigation Water Demand: A Case Study of Saudi Arabia [J]. International Journal of Water Resources (2): 282 - 292.

Sajid Fiaz, Mehmood Ali Noor, Fahad Owis Aldosri, 2018. Achieving Food Security in the Kingdom of Saudi Arabia through Innovation: Potential Role of Agricultural Extension [J]. Agricultural Sciences, 17 (4): 365 - 375.

Saudi Arabia, 2018. Background and U. S. Relations [R/OL]. Congressional Research Service. https: //www. crsreports. congress. gov/product/pdf/RL/RL33533/72.

Saudi Arabia, 2020. Grain and Feed Annual - 6 [R/OL]. USDA. https: //www. fas. usda. gov/data/.

Shayaa al - Shayaa, Mirza B Baig, Gary S Straquadine, 2012. The Journal of Animal & Plant Sciences [J]. Agricultural extension in the Kingdom of Saudi Arabia, 22 (1): 239 - 246.

Al - Subaiee S S F, Yoder E P, Thomson J S, 2017. Extension Agents Perceptions of Sustainable Agriculture in the Riyadh Region of Saudi Arabia [J].

Tlili I, 2015. Renewable Energy in Saudi Arabia: Current Status and Future Potentials [J]. Environment Development & Sustainability, 17 (4): 859 - 886.

图书在版编目（CIP）数据

沙特阿拉伯农业 / 马学忠主编. —北京：中国农
业出版社，2023.1
（当代世界农业丛书）
ISBN 978-7-109-30486-4

Ⅰ.①沙… Ⅱ.①马… Ⅲ.①农业经济－研究－沙特
阿拉伯 Ⅳ.①F338.4

中国国家版本馆 CIP 数据核字（2023）第 038807 号

沙特阿拉伯农业
SHATEALABO NONGYE

中国农业出版社出版

地址：北京市朝阳区麦子店街 18 号楼

邮编：100125

出版人：陈邦勋

策划统筹：胡乐鸣　苑　荣　赵　刚　徐　晖　张丽四　闫保荣

责任编辑：潘洪洋

版式设计：王　晨　　责任校对：刘丽香

印刷：北京通州皇家印刷厂

版次：2023 年 1 月第 1 版

印次：2023 年 1 月北京第 1 次印刷

发行：新华书店北京发行所

开本：787mm×1092mm　1/16

印张：9

字数：145 千字

定价：58.00 元